대한민국 대표논술 열공학습논술이 만든 교과논술

바깔로레아
초등 **교과 논술**

국어도 풀고, **사회**도 풀고, **과학**도 풀고

생각의 뿌리가 달라야 합니다!

뿌리 깊은 나무는 바람이 아니 뮐세

꽃됴코 여름 하나니

샘이 깊은 물은 가마래 아니 그칠세

내히 이러 바라래 가나니

— 《용비어천가》 제2장

뿌리가 깊이 박힌 나무는 북풍한설 찬바람에도 잘 버틸 수 있습니다. 거추장스러운 이파리도 어줍잖게 풋 익은 열매도 다 버리고 뿌리로만 견딥니다. 얕은 뿌리로는 견딜 수 없습니다.

교육도 마찬가지입니다. 스스로 생각할 수 있는 튼튼한 뿌리를 만들어 주어야 묻고 반응하고 비판하는 능력도 커지고 문제 해결 능력도 커지는 것입니다. 《바깔로레아 교과 논술》은 아이들이 생각의 뿌리를 내릴 수 있는 알맞은 토양을 만들어 주기 위해 노력하고 있습니다. 생각의 뿌리가 튼실하게 내리지 못한 채 책을 읽고, 글을 쓰는 것은 모래 위에 집을 짓는 것과 같습니다.

《바깔로레아 교과 논술》은 스스로 자기 생각의 크기를 키워 나가는 아이, 막힐수록 더욱 성취동기가 불타올라 꼭 알아내야만 직성이 풀리는 아이, 선생님이 불러 주는 대로 받아쓰기만 하는 아이가 아니라 선생님 이야기에서 생각의 실마리를 얻어 끊임없이 질문하고 생각하는 아이가 될 수 있도록 아이들의 뿌리를 생각하겠습니다. 그리고 열매는 아이들과 학부모님의 몫으로 온전히 돌려 드리겠습니다.

지은이 서울대 국어교육학 박사 박학천

- 국어 · 사회 · 과학 + 독서 · 논술 · 토론 통합프로그램입니다.
- 쉽고 부담 없는 자료를 편하게 따라만 가면 저절로 사고력, 독해력, 이해력이 자라는 검증된 프로그램입니다.

단원별 학습 목표 및 구성

week 01 발상사고 혁명

실질적인 〈발상 · 사고〉 훈련
- 고정 관념을 깨고, 개성적인 사고를 기릅니다.
- 스스로 질문하고 비판하는 시각과 자세를 기릅니다.

week 02 교과서 논술 01

〈국어 능력〉 심화 학습
- 국어 교과서 선행 학습으로 단원의 핵심을 이해합니다.
- 수행평가, 서술형 · 논술형 문항으로 국어과 학습 능력을 키웁니다.

  ※ 교과서 활용 : 『듣기 · 말하기』 / 『읽기』

week 03 독서 클리닉

실질적인 〈읽기 능력〉 향상 훈련
- 억지로 읽기보다는 읽는 맛과 재미를 알려 줍니다.
- 비판적 읽기, 개성적 읽기로 글을 보는 안목을 키웁니다.

week 04 교과서 논술 02

〈국어 능력〉 심화 학습
- 국어 교과서 선행 학습으로 단원의 핵심을 이해합니다.
- 수행평가, 서술형 · 논술형 문항으로 국어과 학습 능력을 키웁니다.

  ※ 교과서 활용 : 『듣기 · 말하기』 / 『읽기』

・・・・・・・・・・・・・・・・・・・・・・・ 병아리도 날 수 있다!

week 05
영재 클리닉 01

〈사회 교과서〉를 활용한 영재 심화 학습
■ 통합 교과 시대를 대비, 사회과 학습 테마를 논술로 연결시켜 쉽고 재미있게 초중고 학습 과정의 주요 주제와 쟁점을 알려 줍니다.

※ 교과서 활용 : 『사회』

week 06
교과서 논술 03

〈국어 능력〉 심화 학습
■ 국어 교과서 선행 학습으로 단원의 핵심을 이해합니다.
■ 수행평가, 서술형·논술형 문항으로 국어과 학습 능력을 키웁니다.

※ 교과서 활용 : 『듣기·말하기』/『읽기』

week 07
영재 클리닉 02

〈과학 교과서〉를 활용한 영재 심화 학습
■ 통합 교과 시대를 대비, 과학과 학습 테마를 논술로 연결시켜 쉽고 재미있게 초중고 학습 과정의 주요 주제와 쟁점을 알려 줍니다.

※ 교과서 활용 : 『과학』

week 08
논술 클리닉

〈쓰기 교과서〉를 활용한 논술 훈련!
■ 쓰기 교과서로 쓰기 학습 능력을 키운 후, 생활문에서 본격 논술까지 자신 있게 자신의 견해를 글로 표현하도록 유도합니다.

※ 교과서 활용 : 『쓰기』

차례

발상사고혁명	생각은 힘이 세다	05
교과서 논술 01	차근차근 알아보아요	13
독서 클리닉	파랑새는 어디에 있는 걸까?	23
교과서 논술 02	마음을 주고받아요	33
영재 클리닉 01	24절기 풍습에는 이유가 있다	43
교과서 논술 03	의견과 까닭을 알아보아요	53
영재 클리닉 02	이야기와 그림 속에 그림자 있다	63
논술 클리닉	이야기 속으로	71
신통방통 서술형 논술형	국어 술술 사회 술술 과학 술술	81

책 속의 책 | **GUIDE & 가능한 답변들**

생각은 힘이 세다

아이가 물에 빠져 허우적대고 있습니다.
구조 대원이 가능하면 빨리 아이를 구하러 가야
할 텐데 어떻게 가면 좋을까요?

생각은 힘이 세다

01 점점 차올라 빛이 나는 그것은?

※ 다음 글을 읽고, 물음에 답하시오.

아침에는 거미줄 같다가 낮에는 벌집처럼 단단해지고 밤에는 달처럼 충만해지는 것은 무엇이냐?

1 다음 그림을 보고, 거미줄, 벌집, 달의 특징을 한 가지씩 쓰시오.

_____   _____   _____

2 스핑크스가 낸 문제의 정답은 무엇일까요?   (   )

02 의자는 의자일뿐이고, 이쑤시개는 이쑤시개일뿐일까?

※ 다음 사진을 보고, 물음에 답하시오.

1 의자로 할 수 있는 일 5가지를 쓰시오.

①
②
③
④
⑤

2 이쑤시개로 할 수 있는 일 5가지를 쓰시오.

①
②
③
④
⑤

03 부채는 왜 팔용선일까?

※ 다음 글을 읽고, 물음에 답하시오.

인균 : 엄마, 에어컨 잠깐만 틀어요. 등에 땀띠 나겠어요.
엄마 : 부채질 해. 부채가 얼마나 좋은 물건인데 부채 놔두고 에어컨을 틀자고 하니?
인균 : 부채는 팔만 아프고 시원하지도 않아요.
엄마 : 부채가 얼마나 좋은데, 싸고 망가질 염려도 적고, 쉽게 만들 수 있고. 이것 말고도 부채가 얼마나 다양하게 쓰이는데, 옛날 사람들은 부채를 여덟 가지의 쓰임이 있다고 해서 팔용선이라고도 불렀단다.
인균 : 엄마, 그 여덟 가지 쓰임이 뭐예요?
엄마 : 하나는 비를 가려 젖지 않게 해 주는 것, 둘은 파리나 모기를 쫓아 주는 것, 셋은 땅바닥에 앉을 때 깔개가 되어 주는 것, 넷은 여름날 땡볕을 가려 주는 것, 다섯은 방향을 가리킬 때 지시봉의 구실을 하는 것, 여섯은 사람을 오라고 시킬 때 손짓을 대신하는 것, 일곱은 빚쟁이와 마주치게 되었을 때 얼굴을 가려 주는 것, 여덟은 남녀가 내외할 때 서로 얼굴을 가려 주는 것이야.
인균 : 엄마 팔용선이 아니고 구용선이에요. 부채에 광고도 할 수 있거든요.

1 부채를 '팔용선' 이라고 부르는 까닭은 무엇입니까?

---

2 부채의 여덟 가지 쓰임 이외에 또 어떤 용도로 쓸 수 있는지 생각하여 한 가지만 쓰시오.

---

3 다음 세 가지 물건은 본래의 용도 이외에 또 어떤 용도로 쓰였을지 상상해서 한 가지씩 쓰시오.

물건	본래 용도	다른 용도
보자기	물건을 싸거나 덮는 용도	
노리개	옷을 돋보이게 하는 장식용	
옷고름	옷을 여미는 용도	

4 우리 주변의 물건 중에 원래 용도 이외에 다른 용도로 사용하고 싶은 물건이 있다면 세 가지만 쓰고, 이유를 말해 보시오.

04 와이퍼는 어떻게 세상에 나왔을까?

※ 다음 글을 읽고, 물음에 답하시오.

비나 눈이 오는 날 안전하게 운전하게 도와주는 와이퍼는 어떻게 세상에 나왔을까요?

와이퍼는 평범한 가정 주부인 마리 앤더슨이 처음 발명했어요. 마리 앤더슨은 비가 퍼붓는 날 전차를 탔다가 굵은 빗줄기에 어쩔 줄 몰라 하는 전차 운전수를 보고 '비를 닦아 주는 장치가 있으면 좋겠다.'라고 생각했어요. 마리 앤더슨은 그러던 어느 날 마당을 쓸다가 손에 쥔 빗자루를 보고 아이디어를 얻었지요. 빗자루를 통해 떠오른 생각을 묵히지 않고 몇 달 동안 연구하여 지금의 모양과 비슷한 최초의 '수동식 윈도우 와이퍼'를 발명해 특허를 받았답니다. 그래서 그 뒤로 와이퍼는 자동차의 앞 유리창에서 비가 오면 빗방울을 닦아 내고 눈이 오면 눈을 닦아 내게 되었지요.

1 마리 앤더슨은 굵은 빗줄기에 어쩔 줄 몰라 하는 전차 운전수를 보고 어떤 생각을 하게 되었습니까?

_____

2 마리 앤더슨은 빗자루를 보고 아이디어를 얻어 와이퍼를 만들었습니다. 와이퍼와 빗자루는 어떤 공통점이 있는지 쓰시오.

05 지우개 달린 연필은 어떻게 만들어졌을까?

※ 다음 글을 읽고, 물음에 답하시오.

15세 소년 가장이었던 하이만이 지우개 달린 연필을 고안해 낸 것은 1867년이다. 미국 필라델피아에서 살던 하이만은 병든 어머니를 간호하며 생계를 위해 그림을 그렸다. 그런데 그림이 잘못돼 지우개로 지우고 다시 그려야 할 때, 지우개를 어디에 두었는지 도무지 찾을 수가 없는 경우가 자주 있었다.

그러던 어느 날 하이만은 외출하기 위해 모자를 쓰다가 거울 속에 비친 자신의 모습에서 반짝이는 영감을 얻었다.

'모자처럼 지우개를 연필 위에 고정시키면……'

하이만은 양철 조각을 구해 연필과 지우개를 묶었다. 그것이 바로 지우개 달린 연필의 탄생이었다.

1 하이만은 무엇을 보고 연필 위에 지우개를 고정시킬 생각을 하게 되었습니까?

___

2 지우개 달린 연필처럼 하나의 물건에 하나의 물건을 합하여 새로운 물건이 된 예를 두 가지 찾아 쓰시오.

___

발상 사고 혁명

06 코카콜라 병은 어떻게 디자인 되었을까?

※ 다음 글을 읽고, 물음에 답하시오.

코카콜라 병의 발명가 루드도 생활 속에서 실용적인 아이디어를 얻은 경우이다. 1923년 루드는 새로운 병 모양 만들기에 몰두하고 있었다. 그 무렵 코카콜라는 물에 젖어도 미끄러지지 않는 새로운 병을 공개 모집하고 있었다.

그러던 어느 날 루드의 여자 친구가 주름치마를 입고 그를 찾아왔다. 여자 친구를 바라보던 루드의 머리 속에 순간적으로 기발한 아이디어가 떠올랐다. 루드는 친구의 주름치마에서 힌트를 얻어 주름치마에 곱게 가려진 여자의 엉덩이를 닮은 유리병을 만들어 냈다.

이 병은 가운데가 오목하게 들어가고 위 아래가 볼록 튀어나온 데다 주름이 잡혀 있어 물에 젖어도 미끄러질 염려가 없었고 가운데가 좁아 내용물도 다른 병의 80%면 충분했다. 특허 출원을 마친 루드는 곧바로 코카콜라의 현상 모집에 응모했고 결과는 당선이었다. 루드에게는 6백 만 달러의 상금이 주어졌다.

1 루드는 무엇을 보고 코카콜라 병을 디자인 하였나요?

---

2 내가 코카콜라 병 디자이너라면 코카콜라 병을 어떻게 디자인해 보고 싶은지 상상해서 그려 보시오.

내가 만든 코카콜라 병

차근차근 알아보아요

『듣기·말하기』·『읽기』_ 4. 차근차근 하나씩

교과서 논술 01

병아리는 병아리지.

내 눈으로 보는 교과서

01 이야기의 내용 간추리기

듣기 말하기 교과서 52~53쪽 | 학습 목표: 다의어에 대해 알 수 있다.

1 안내원이 말한 이상의 뜻으로 알맞은 것은 무엇입니까? (   )
① 서로 다른 생각.
② 평소와는 다른 상태.
③ 진흙 덩어리와 같은 모양.
④ 가장 완전하다고 여겨지는 상태.
⑤ 수량이나 정도가 일정한 기준보다 더 많거나 나음.

2 그림 2의 ㉠ '손이 많이 가는'은 어떤 상황에서 쓰는 말입니까? (   )
① 손을 많이 들 때
② 손아랫사람을 가리킬 때
③ 손으로 무언가를 잘 만들 때
④ 다른 곳에서 손님이 찾아올 때
⑤ 어떤 일을 하는데 힘이나 노력이 많이 들 때

3 다음 중 여러 가지 뜻으로 사용되지 않는 낱말은 어느 것입니까? ( )

① 말　　　② 손　　　③ 눈　　　④ 발톱　　　⑤ 다리

준수 : 아저씨, 이 사과 여기가 상했어요. 그러니 값을 ㉠깎아 주세요.
아저씨 : 겨우 그 정도 상한 거 가지고 웬 트집이냐? 깎아 줄 수 없다.
준희 : 오빠, 그냥 우리가 ㉡깎아 먹자.

1 밑줄 그은 ㉠과 ㉡에 쓰인 '깎다'의 뜻으로 알맞은 것을 다음에서 골라 번호를 쓰시오.

> ① 주었던 권력을 빼앗다.
> ② 체면이나 명예를 상하게 하다.
> ③ 값이나 금액을 낮추어서 줄이다.
> ④ 칼 따위로 물건의 가죽이나 표면을 얇게 벗겨 내다.

(1) ㉠ : (　　　　)　　　(2) ㉡ : (　　　　)

2 '깎다.'와 같은 다의어를 하나 찾아, 낱말과 그 낱말이 다양하게 쓰인 예를 쓰시오.

(1) 다의어 : _____

(2) 쓰인 예 : _____

02 일의 방법을 파악하라

읽기 | 교과서 66~69쪽 | 학습 목표 : 일의 방법을 파악하는 법을 알 수 있다.

즐거운 체조 따라하기

🟢 **글의 종류** 설명하는 글
🟢 **글의 특징** 그림과 함께 체조 동작을 설명한 글이다.

체조는 몸의 여러 부분을 움직이는 운동입니다. 체조는 팔, 다리, 허리, 목, 몸통, 엉덩이 등 여러 부분을 당기거나 늘이거나 돌리는 방법으로 하는 몸동작입니다. 아침저녁으로 집에서 할 수 있는 간단한 체조를 알아봅시다.

1 엉덩이 당기기

몸을 바르게 하여 바닥에 누워 다리를 구부립니다. 두 손을 머리 위로 하여 깍지를 낍니다. 구부린 오른쪽 다리 위로 왼쪽 다리를 올려놓고 왼쪽으로 쏠리듯 왼쪽 다리에 힘을 줍니다. 동작을 반대로도 하여 여러 번 반복합니다.

2 다리 잡아당기기

반듯이 누운 자세로 한쪽 다리를 가슴 쪽으로 잡아당깁니다. ㉠이때, 머리를 들어 뒷머리가 바닥에 닿지 않도록 합니다. 다른 쪽 다리도 이와 같은 동작을 합니다. 이런 동작을 30초 정도 유지합니다. 그런 뒤에 양쪽 다리를 구부려서 가슴 쪽으로 잡아당깁니다. 그리고 머리를 무릎 쪽으로 말듯이 구부립니다.

3 허리와 다리 펴기

두 다리를 쭉 펴고 누워 손으로 허리를 받칩니다. 그리고 다리를 반듯하게 하여 위로 들어올리며, 두 손은 엉덩이를 받치면서 어깨와 팔로 균형을 잡습니다.

4 윗몸 돌리기

다리를 반듯하게 펴고 앉습니다. 왼쪽 다리를 구부려 발을 오른쪽 무릎 위로 엇갈리게 하여 오른쪽 무릎 바깥쪽에 놓습니다. 왼손은 등 뒤에 놓고 머리를 서서히 돌려 왼쪽 어깨 너머로 바라보면서 윗몸을 왼쪽으로 돌립니다. 동작을 반대로도 하여 여러 번 반복합니다.

5 옆구리와 다리 당기기

두 손을 머리 위로 올려 깍지를 낍니다. 왼쪽 다리를 쭉 펴서 엉덩이 높이의 의자나 받침대 위에 올려놓습니다. 윗몸을 왼쪽으로 기울여 15초 정도 유지합니다. 그런 뒤에 동작을 반대로도 하여 여러 번 반복합니다.

체조의 동작은 정확하게 천천히 하는 것이 중요하며 날마다 꾸준히 해야 합니다. 잠자기 전에 20분 정도, 아침에 일어나서 10분 정도 하는 것이 좋습니다. 체조를 하면 몸이 부드러워지며 긴장이 풀리고 기분이 좋아집니다. 또, 뼈를 자극하여 키가 자라는 데 도움이 됩니다.

1 이 글에서 알려 주는 것은 무엇입니까?   (   )

2 '엉덩이 당기기'를 하는 방법을 알맞은 순서대로 나열하시오.

> ㉠ 바닥에 누워 다리 구부리기
> ㉡ 왼쪽으로 쏠리듯 다리에 힘 주기
> ㉢ 구부린 오른쪽 다리 위로 왼쪽 다리 올리기
> ㉣ 두 손을 머리 뒤로 깍지 끼기

(   ) → (   ) → (   ) → (   )

3 ㉠ '이때'는 무엇을 가리키는지 쓰시오.

_____

4 체조를 하면 좋은 점 두 가지를 정리하시오.

• _____

• _____

03 청소기 사용법을 파악하라

읽기 | 교과서 74~78쪽 | 학습 목표: **청소기 사용 방법을 알 수 있다.**

나도 청소 박사

🌿 **글의 특징** 청소기 사용 설명서를 읽으면서 청소기 사용 방법을 알아보는 글이다.

1 승윤이의 아버지께서 청소기를 새로 사 오셨습니다. 아버지께서는 상자를 뜯은 뒤에 몸체와 손잡이, 관, 흡입구를 꺼내셨습니다. 그러고는 설명서를 보며 그것들을 조립하셨습니다.

"아버지, 읽으시는 게 뭐예요?"
"청소기 사용 설명서란다."
아버지께서 웃으며 말씀하셨습니다.
아버지께서 청소기를 다 조립하시자, 승윤이는 청소기를 사용하고 싶어졌습니다.
"아버지, 제가 청소기를 써 보고 싶어요."
"그래. 그런데 사용하기 전에 안전을 위하여 주의할 점을 읽어 보아야 한단다."
아버지께서 설명서를 펼치며 말씀하셨습니다. 승윤이는 아버지께서 보여 주신 설명서를 읽어 보았습니다.

> 청소기가 액체나 칼날, 압정, 불씨 등을 빨아들이지 않도록 하세요. 화재나 감전, 고장의 원인이 됩니다.

> 플러그를 꽂거나 뺄 때에 스위치를 먼저 꺼 주세요. 이때, 물 묻은 손으로 플러그를 만지지 않습니다.

> 전선이나 청소기를 열기구 가까이에 두지 마세요. 청소기의 몸체가 변하거나 고장 나는 원인이 됩니다.

> 전선은 빨간색 표시 이상은 꺼내지 마시고, 감을 때에는 전선을 잡고 감아 주세요. 전선에 상처를 입거나 주변의 다른 물건이 상할 수 있습니다.

1 승윤이의 아버지께서는 무엇을 보며 청소기를 조립하셨습니까?

( )

2 청소기를 사용하기 전에 설명서에서 반드시 읽어 보아야 할 것은 무엇입니까?

( )

① 청소기의 가격
② 청소기를 만든 사람
③ 청소기를 만든 날짜
④ 안전을 위해 주의할 점
⑤ 청소기를 만든 회사 이름

3 청소기가 다음과 같은 것들을 빨아들이지 않도록 주의해야 하는 까닭을 쓰시오.

> 액체, 칼날, 압정, 불씨

4 청소기를 사용할 때 주의할 점으로 바르지 않은 것은 어느 것입니까? ( )

① 플러그를 꽂을 때 스위치를 먼저 끈다.
② 물 묻은 손으로 플러그를 만지지 않는다.
③ 청소기는 전선이나 열기구 가까이에 둔다.
④ 청소기가 액체를 빨아들이지 않도록 한다.
⑤ 전선은 빨간색 표시 이상은 꺼내지 않는다.

03 청소기 사용법을 파악하라

2 "청소기를 안전하게 다루기 위하여 알아야 할 점이 많네요."
아버지께서 청소기 사용 설명서를 넘기며 말씀하셨습니다.
"그렇지, 그럼 이번에는 청소기를 사용하는 방법을 알아볼까?"

㉠ 전원 플러그를 콘센트에 꽂습니다. 전원 스위치를 켜고 세기를 조절하여 청소를 합니다.

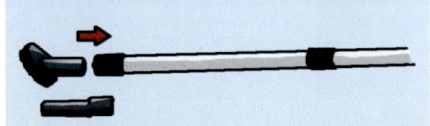

㉡ 틈에 있는 먼지를 빨아들일 때에는 좁은 흡입구로 바꾸어 줍니다.

㉢ 전선 감기 단추를 누르면 전선이 감깁니다. 몸체를 세우고 흡입구의 튀어나온 부분을 홈에 끼워 보관합니다.

3 "아버지, 청소기가 빨아들인 먼지는 어디에 모이나요?"
스위치를 끄며 승윤이가 여쭈어 보았습니다. 아버지께서 승윤이에게 설명서를 건네며 말씀하셨습니다.
"먼지 통에 모이는데, 먼지가 가득 차면 비워 주어야 한단다. 네가 직접 설명서를 보고 먼지 통을 한 번 비워 보렴."

○ 본체 덮개에 있는 단추를 누른 상태에서 덮개를 엽니다.
○ 먼저 통 손잡이를 잡고 먼지 통을 빼냅니다.
○ 먼지 통 뚜껑을 열고 먼지를 버립니다.

5 청소기를 사용할 때 가장 먼저 할 일은 무엇입니까?

_____

6 청소기의 흡입구를 좁은 것으로 바꾸어 줄 때는 언제입니까? ( )

① 액체를 빨아들일 때
② 넓은 곳을 청소할 때
③ 높은 곳을 청소할 때
④ 먼지 통이 꽉 찼을 때
⑤ 틈에 있는 먼지를 빨아들일 때

7 ㉠~㉢ 중 제품을 보관하는 방법에 대하여 설명하는 부분의 기호를 쓰시오.

( )

8 먼지 통을 비우는 순서를 정리하였습니다. 빈칸에 알맞은 말을 써 넣으시오.

| 본체 덮개의 단추를 누른 상태에서 덮개 열기 |

↓

| |

↓

| |

말 못할 양반

※ 다음 글을 읽고, 글 속에서 다의어를 모두 찾아 말해 보시오.

한 나그네가 한참 길을 걷다 보니 목이 몹시 말랐습니다. 시원한 물이나 한 잔 마시면 좋겠다고 생각하며 가까운 마을을 향하여 걸었습니다. 그때 맞은편에서 선비 한 사람이 말을 타고 다가오고 있었습니다.

'옳지, 저 사람에게 물어보면 되겠다.'

이렇게 생각한 나그네는 말 앞을 가로막으며 물었습니다.

"여보시오, 말 좀 물어봅시다."

"아니, 잘 걷고 있는 말을 갑자기 왜 물어 보려고 하오?"

선비의 말에 나그네는 잠시 당황하였습니다. 그러나 갑자기 말 앞을 가로막은 자신의 행동 때문에 선비가 화가 나서 일부러 그리하였을 것이라는 생각이 들었습니다. 나그네는 말 앞을 비켜서며 선비에게 공손하게 다시 물었습니다.

"아까는 미안했소. 내가 너무 목이 말라서 그랬소. 나는 다만 물을 얻어 마실 만한 곳을 아는지 물어보려고 했던 것뿐이오."

"목이 말라서 그랬다고 하였소? 내가 보기에 당신 목은 참 튼튼해 보이기만 하오."

나그네는 목이 말라서 물을 마실 만한 곳을 물은 것인데, 목이 튼튼해 보인다는 대답을 듣고 나니 너무 어이가 없었습니다. 은근히 화가 난 나그네는 큰 소리로 물었습니다.

"당신 쓴 것이 뭐요?"

갓을 쓴 선비가 말을 묻는 나그네를 놀려서야 되겠느냐는 뜻이었습니다.

"쓴 것이라? 쓴 것이라면 씀바귀보다 더 쓴 것이 어디 있겠소?"

갈수록 태산이라더니 선비의 대답은 엉뚱하기 그지없었습니다. 일이 이쯤 되자, 나그네는 무척 화가 났습니다.

"나는 당신 머리꼭지 위에 쓴 것이 뭐냐고 물었소."

그래도 선비는 아무렇지도 않게 받아 넘기며 말하였습니다.

"머리꼭지 쓴 것이야 가뭄 끝에 오이 꼭지가 쓰지요."

이래서는 더 이상 말을 못 하겠다 싶어 나그네는 뒤돌아서며 중얼거리듯 말하였습니다.

"에이, 쯧쯧 그 참 말 못 할 양반이로군."

그랬더니 선비는 여전히 태연한 얼굴로 말하였습니다.

"어허 말을 못 타다니? 말을 타고 있는 것을 뻔히 보고도 그러네."

선비는 말을 타고 천천히 길을 갔습니다.

파랑새는 어디에 있는 걸까

《파랑새》 – 생각하며 읽기

파란 병아리는 어때?

역대 올림픽 메달리스트의 행복 지수를 조사했더니 금메달리스트가 가장 높았어요. 그럼 행복 지수가 가장 낮은 메달리스트는 누구일까요?

파랑새는 어디에 있는 걸까

 **01** 요술 할머니를 만난 치르치르와 미치르

※ 《파랑새》를 읽고, 물음에 답하시오.

나무꾼의 아들 치르치르와 딸 미치르는 잠자리에 들었습니다. 그런데 갑자기 방문이 열리더니 요술 할머니가 들어왔습니다.
"여기에 노래하는 풀이나 파랑새는 없느냐?"
"풀은 있지만 노래는 못하고, 새는 있어요."
"어디 보자. 저 새는 필요 없다. 파랗지가 않아. 병이 나서 앓고 있는 내 손녀를 위해 파랑새를 찾아야 해."
"왜요?"

"파랑새는 행복을 준단다. 자, 이것을 가지고 파랑새를 찾아오너라."
요술 할머니는 다이아몬드가 달린 조그만 초록 모자를 주며 말했습니다.
"이 모자를 쓰고 다이아몬드를 오른쪽에서 왼쪽으로 돌리면 뭐든지 보인단다. 자, 한번 볼 테냐?"

요술 할머니가 다이아몬드를 돌리자 주위의 모든 것이 바뀌었습니다. 방 안의 벽이 파랗게 빛나더니 초라한 물건들이 모두 번쩍번쩍 빛나 보였습니다.

그런데 갑자기 빵 껍질 색깔 옷을 입은 요정이 뛰어나와 테이블 주위를 뛰어다녔습니다. 수도꼭지도 노래를 부르고 물방울도 소년의 모습을 한 요정이 되어 나타났습니다.

벽장 앞에 웅크리고 자던 개 치로와 고양이 치레트도 별안간 사람으로 변했는데, 얼굴은 그대로 개와 고양이의 모습이었습니다.
"도련님, 안녕하세요?"
"아가씨, 안녕? 어쩌면 이렇게도 예쁘신가요?"
이렇게 방 안 모든 것들이 요정이 되었습니다.
그때, 문 두드리는 소리가 났습니다.
"아버지다!"
"다이아몬드를 돌려!"

요술 할머니가 외쳤습니다. 치르치르는 급히 다이아몬드를 돌렸습니다.
"아아아, 너무 빨라!"
큰 소동이 일어났습니다. 요술 할머니는 할머니로 돌아갔고, 벽이며 가구들도 다 예전처럼 돌아갔지만 요정들은 자기가 어디로 돌아가야 할지 몰라서 난리가 났습니다.
요술 할머니가 요정들에게 말했습니다.
"너희들도 파랑새를 찾으러 가야 한다. 불의 요정은 위험하니까 아무에게도 가까이 가면 안 된다. 개는 고양이를 못살게 굴면 못써. 물은 아무 데나 돌아다니지 마라. 알았지?"
그때, 또 문 두드리는 소리가 났습니다.
"앗, 아버지가 오셨다."
"자, 창문으로! 빵의 요정은 파랑새를 넣을 새장을 들어라. 빨리빨리!"
창문이 활짝 열렸습니다. 그리고 모두 창문으로 나갔습니다.

– 지경사, 『세계 대표 동화』 중에서

1 요술 할머니가 치르치르와 미치르에게 파랑새를 찾아오라고 한 까닭은 무엇입니까?

2 치르치르랑 미치르와 함께 파랑새를 찾아 떠나게 될 요정들이 각자 어떻게 자기소개를 할지 쓰시오.

02 추억의 나라로 간 치르치르와 미치르

　요술 할머니가 아이들에게 말했습니다.
　"다이아몬드를 돌리면 '추억의 나라' 라는 팻말이 붙어 있는 커다란 나무가 보일 거다. 그리로 가면 할머니와 할아버지를 만날 수 있을 거야. 하지만 무슨 일이 있어도 9시 15분 전까지는 돌아와야 한다. 자, 가거라."
　요술 할머니는 곧 요정들을 데리고 사라졌습니다. 아이들은 모자에 달려 있는 다이아몬드를 돌렸습니다. 안개가 자욱이 끼어 있는 곳에 커다란 떡갈나무가 서 있었습니다. 그 나무에 '추억의 나라' 라고 쓴 팻말이 붙어 있었습니다.
　안개가 걷히면서 점점 밝아지자 담쟁이덩굴에 둘러싸인 조그만 오두막이 나타났습니다. 창문은 모두 열려 있고, 처마 밑 새장에 검은 개똥지빠귀가 잠자고 있었습니다.
　할머니와 할아버지는 입구 옆에 놓인 의자에서 잠들어 있었습니다.
　"오빠, 우리 할머니 할아버지야."
　"쉿, 할머니 할아버지가 움직이는지 가 보자."
　치르치르와 미치르는 나무 뒤에 숨어서 할머니와 할아버지를 바라보았습니다. 할머니와 할아버지가 잠에서 깨어났습니다.
　"오늘은 우리 치르치르와 미치르가 우리를 만나러 올 것 같은 생각이 드네요."
　"나도 그런 생각이 들어요. 그 아이들이 우리 생각을 하고 있나 봐요."
　치르치르와 미치르가 나무 뒤에서 뛰어나왔습니다.
　"할머니, 우리 왔어요."
　"오, 치르치르, 미치르구나!"
　할머니와 할아버지는 반가워하며 엄마 아빠의 안부를 물었습니다.
　"어머니와 아버지도 잘 계세요."
　"그래? 어디 보자. 우리 귀염둥이들. 어째서 좀 더 자주 우리를 만나러 오지 않았니?"
　"할머니, 우리는 할머니를 만나러 올 수 없어요. 오늘도 요술 할머니 덕에 온 걸요."
　"우리는 언제나 여기에서 만나러 와 줄 사람들을 기다리고 있단다. 누군가 우리를 생각해 주면 우리는 잠에서 깨어 만날 수 있단다."
　"할머니 할아버지는 주무시기만 하나요?"
　"그렇단다. 우리는 잠들었다가 살아 있는 사람들이 생각해 주면 눈을 뜨게 된단다."

"그런 줄 몰랐어요. 이젠 좀 더 자주 할머니 할아버지 생각을 할게요."
그때 할아버지네 검은지빠귀가 새파랗게 변했습니다.
"야, 파랑새다! 할머니 할아버지, 이 새 저 주세요."
"그래, 가지거라."
치르치르와 미치르는 파란 지빠귀를 새장에 넣었습니다. 그리고 어려서 세상을 떠난 동생들도 만나서 즐겁게 놀았습니다.

"자, 이제 우린 가야 해."
"안녕! 잘 가!"
동생들이 외쳤습니다. 또다시 안개가 짙어지더니 모든 것이 안개와 함께 사라졌습니다. 그런데 이게 웬일일까요? 파랗던 지빠귀가 시커멓게 변하는 게 아니겠어요?

– 지경사, 『세계 대표 동화』 중에서

1 이 글의 내용으로 보아 '추억의 나라'는 어떤 나라인지 50자 내외로 정리하시오.

추억의 나라는 _____

2 할머니, 할아버지는 어떻게 해야 잠에서 깨어날 수 있습니까?

3 만약에 내가 '추억의 나라'로 간다면 꼭 만나 보고 싶은 사람을 세 사람만 쓰시오.

4 할머니, 할아버지께서 주신 파란 지빠귀는 어떻게 되었는지 말해 보시오.

03 밤의 여왕을 만난 치르치르와 미치르

"당신들은 파랑새를 찾으러 왔다지요?"
"예, 여왕님, 어느 방에 있는지 아실 테니 그 방 열쇠를 빌려 주세요."
"나는 몰라요. 더구나 처음 보는 사람에게 열쇠를 빌려 주다니."
"그렇지만 사람이 부탁하면 거절하지 못한다는 것을 알고 있어요."
"누, 누가 그래요?"
"빛의 요정이 그러셨어요."
"빛의 요정은 어째서 그토록 참견이 심할까?"

밤의 여왕은 몹시 화가 났지만 어쩔 수 없이 열쇠를 빌려 주었습니다. 그러나 밤의 여왕이 파랑새가 어느 방에 있는지 가르쳐 주지 않았기 때문에 모든 방을 다 열어 볼 수밖에 없었습니다. 첫 번째 방을 열자 유령이 쏟아져 나왔고, 두 번째 방에서는 전쟁이 쏟아져 나왔습니다. 이렇듯 여러 방에서 온갖 무섭고 두려운 것이 나오자 치르치르와 미치르는 그때마다 온 힘을 다해 무섭고 두려운 것들을 붙잡아 가두고 문을 잠가야 했습니다.

그리고 마침내 맨 마지막 방을 열었는데, 그곳에는 파랑새가 가득 들어 있었습니다.

치르치르와 미치르는 파랑새를 수십 마리 잡아 가지고 돌아왔습니다. 그런데 돌아와 보니 파랑새는 모두 죽어 있었습니다.

― 지경사, 『세계 대표 동화』 중에서

1 치르치르가 첫 번째 방, 두 번째 방, 세 번째 방을 열었을 때 각각 어떤 느낌이었을지 쓰시오.

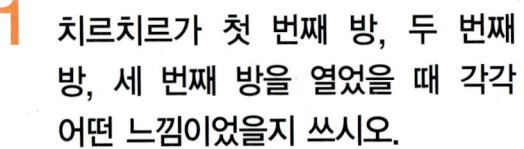

2 여러분은 붙잡아 가두고 문을 잠그고 싶을 만큼 무섭고 두려운 것이 있나요? 그런 것이 있다면 아래 문에 쓰시오.

04 집으로 돌아간 치르치르와 미치르

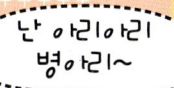

치르치르와 미치르 그리고 요정들은 문이 있는 조그만 집 앞에 서 있었습니다.
"지금 우리가 어디 서 있는지 알겠어요?"
빛의 요정이 물었습니다.
"음, 모르겠는데요."
"1년 전에 떠났던 바로 그 집인데요."
"그럼 우리 집이구나!"
"그래요."
"어머니 아버지는 그냥 계실까? 보고 싶어."
치르치르가 집 안으로 뛰어들어가려고 하자 빛의 요정이 말했습니다.
"잠깐만 기다려요. 이제 우리는 헤어져야 해요."
"왜요?"
"이제 요술쟁이 베리류느 할머니가 파랑새를 가지러 올 거예요."
"우리는 파랑새를 찾지 못했는데요."
"㉠우리는 할 수 있는 데까지 했어요. 어쩌면 파랑새 같은 것은 없는지도 몰라요. 아니, 있다 해도 새장에 넣으려고 하면 색이 변해 버릴지도 몰라요."
"새장은 어디 있나요?"
"여기 있어요. 그동안 내가 보관하고 있었지요."
빵의 요정이 새장을 돌려주며 말했습니다. 요정들이 작별 인사를 하자 모든 것이 사라졌습니다. 그리고 처음의 바로 그 나무꾼의 집 아이들 방입니다.
"일어나라, 잠꾸러기들아. 벌써 아침 8시가 되었어."
어머니와 아버지가 방으로 들어와 자고 있는 아이들 뺨에 입을 맞추며 말했습니다. 아이들은 어머니와 아버지에게 지난 1년 동안 일어났던 이야기를 했습니다.
"뭐? 1년 동안이라고? 말도 안 돼! 너희는 어젯밤에 이 방에서 잠들었고, 오늘 아침 이 방에서 깨어난 거야."
그때, 옆집 베르랑고 할머니가 왔습니다.
"메리 크리스마스!"
"요술쟁이 베리류느 할머니다!"
치르치르가 외쳤습니다.
"베리류느 할머니, 파랑새는 찾지 못했어요."
"뭐라고? 베리류느라니, 무슨 소리지?"

"아마 꿈을 꾸었나 봐요."

"아아, 그랬나 보구나. 아이들은 언제나 꿈을 꾸고 그게 정말이라고 생각하지. 호호호!"

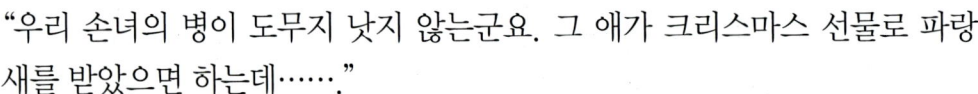

베르랑고 할머니가 치르치르와 미치르의 머리를 쓰다듬어 주었습니다.

"우리 손녀의 병이 도무지 낫지 않는군요. 그 애가 크리스마스 선물로 파랑새를 받았으면 하는데……."

"치르치르의 새가 파랑새지요. 치르치르, 할머니의 손녀에게 네 파랑새를 주지 않겠니?"

엄마가 말하자 치르치르는 자기 새장을 보았습니다.

"어, 내 새가 파랑새네?"

치르치르는 그렇게 오래 길렀으면서도 자기 새가 파랑새라는 것을 몰랐습니다. 치르치르는 새장을 내려서 베르랑고 할머니에게 주었습니다.

"이 새를 가져다 주세요."

"고맙다. 정말 고마워."

얼마 뒤, 베르랑고 할머니의 손녀는 병이 나았습니다. 그 아가씨는 어쩌면 그리도 빛의 요정을 닮았는지 치르치르는 깜짝 놀랐습니다. 아가씨는 새에게 모이를 주려고 새장 문을 열었습니다. 그 순간 파랑새가 날아갔습니다.

– 지경사, 『세계 대표 동화』 중에서

1 ㉠은 무슨 뜻일까요? 자신이 생각한 뜻을 정리하시오.

2 자기가 기르던 새가 파랑새라는 걸 알았을 때 치르치르는 속으로 어떤 말을 했을지 쓰시오.

3 여러분이 생각하는 행복은 무엇인지 생각하여 여러분의 행복 사전을 만드시오.

행복이란

나는 행복한 사람

※ 다음 글을 읽고, 물음에 답하시오.

　1984년 어느 날 아침, 나는 샌프란시스코에서의 점심 약속 때문에 다리를 건너기 위해 통행료 징수대들 중 하나로 차를 몰고 다가갔다. 그때 내 귀에 큰 음악 소리가 들렸다. 마치 파티석상에서 울려 퍼지는 댄스 뮤직이거나 마이클 잭슨의 콘서트라도 열고 있는 것 같은 요란한 음악이었다. 나는 놀라서 주위를 둘러보았다. 차 문이 열려 있는 차는 눈에 띄지 않았다. 다른 차에서 들려 오는 음악이 아니었던 것이다. 나는 통행료 징수대를 쳐다보았다. 그런데 그 안에서 한 남자가 춤을 추고 있었다. 내가 물었다.
　"지금 뭘 하고 있는 거요?"
　"난 지금 파티를 열고 있소."
　나는 다른 징수대들을 둘러보았지만 그 사람 말고는 아무도 몸을 움직이는 이가 없었다.
　"그럼 다른 사람들은 왜 가만히 있지요?"
　"그들은 초대받지 않았수다."
　몇 달 뒤 나는 그 친구를 다시 발견했다. 그는 통행 징수대 안에서 음악을 크게 틀어 놓고, 아직도 혼자서 파티 중이었다. 내가 다시 물었다.

　"지금 뭘 하고 있는 거요?"
　그가 말했다.
　"당신 지난번에도 똑같은 걸 물었던 사람 아니오? 기억이 나는구먼. 난 아직도 춤을 추고 있소. 똑같은 파티를 계속 열고 있는 중이지요."
　당신과 내가 지겨워서 사흘도 못 견딜 그런 좁은 공간 안에서 이 사람은 파티를 열고 있는 것이다. 나중에 그 사람과 나는 점심을 같이 먹었다. 그가 말했다.
　"다른 사람이 내 직업을 따분하게 생각하는 걸 난 이해할 수 없소. 난 혼자만 쓸 수 있는 사무실을 갖고 있는 셈이고, 또한 사방이 유리로 되어 있소. 그곳에선 금문교와 샌프란시스코, 그리고 버클리의 아름다운 산들을 다 구경할 수 있소. 미국 서부의 휴가객 절반이 그곳을 구경하러 해마다 몰려오지 않소. 그러니 난 얼마나 행운이오. 날마다 어슬렁거리며 걸어와서는 월급까지 받으며 춤 연습을 하면 되니 말이오."

1 만약 내가 하루 종일 좁은 공간인 통행료 징수대에서 일을 해야 한다면 어떤 기분일지 쓰시오.

2 '나'가 만난 남자는 통행료 징수대에서 무엇을 하고 있었습니까?

3 통행료 징수대의 직원이 좁고 갑갑한 곳에서도 즐겁게 일할 수 있었던 까닭은 무엇입니까?

4 가만히 앉아 기계적으로 일을 하는 직원과 즐겁게 춤을 추며 일하는 직원 중 누가 더 자신의 일에 보람을 느낄지 까닭과 함께 쓰시오.

마음을 주고받아요

『듣기·말하기』·『읽기』_ 5. 주고받는 마음

교과서 논술 02

깃털 줄까?

01 전화 예절 배우기

듣기 | 말하기 | 교과서 68~73쪽 | 학습 목표 : 예절에 알맞게 전화 대화하는 방법을 알 수 있다.

승민이네 전화의 일기

○○월 ○○일 ○요일

　승민이는 저녁을 먹고 내일 준비물을 챙기려는데 알림장이 보이지 않는다며 찾으러 다녔다. 그런데 알림장을 못 찾아서 현수에게 물어보려고 전화를 하려고 하였다. 내가 시계를 보니 벌써 밤 열 시 반이 되어 있었다. 전화하기에는 늦은 시간이었다. 승민이는 현수 전화번호를 한번 생각하는 것 같더니 전화번호도 확인하지 않고 바로 번호를 눌렀다. 그런데 갑자기 어떤 할아버지께서 받으셨다. 현수네는 할아버지가 안 계시는데 나는 좀 이상하였다. '아이쿠!' 나는 전화를 잘못 걸었다는 생각이 들었다. 그런데 승민이는 당황해하며 얼른 전화를 끊어 버렸다.

1 승민이가 현수에게 전화를 건 까닭은 무엇입니까?　　　　　　(　　　)

① 전화번호를 물어보려고
② 바뀐 전화번호를 알려 주려고
③ 같이 축구를 하자고 이야기하려고
④ 내일 준비물이 무엇인지 물어보려고
⑤ 할아버지가 안 계시는지 물어보려고

2 승민이가 지키지 않은 전화 예절 두 가지를 〈보기〉에서 찾아 기호를 쓰시오.

> 〈보기〉
> ㉠ 공손하게 이야기를 합니다.
> ㉡ 큰소리로 통화하지 않습니다.
> ㉢ 밤늦게나 이른 아침에는 전화를 하지 않습니다.
> ㉣ 걸어다닐 때에는 통화하지 않습니다.
> ㉤ 전화를 걸기 전에 번호를 확인하고, 잘못 걸었을 때에는 사과하는 말을 합니다.

(,)

3 다음 상황을 보고 말풍선에 들어갈 말로 알맞은 것을 찾아 선으로 이으시오.

(1) 여보세요, 거기 중국 음식점이지요?   • ㉠ 안녕하세요, 저는 3학년 ○○반 김대한입니다. 홍길동 선생님 계신가요?

(2) ○○영화관입니다. 무엇을 도와 드릴까요?   • ㉡ 아닙니다. 전화 잘못 거셨습니다.

(3) 어머니 계시니?   • ㉢ 지금 안 계시는데, 들어오시면 뭐라고 전해 드릴까요?

(4) ○○초등학교 교사 김영희입니다.   • ㉣ ○○ 영화는 몇 시에 어디에서 하나요?

열린 교과서

1 휴대 전화를 사용할 때와 공중전화를 사용할 때 지켜야 할 예절을 한 가지씩 쓰시오.

02 문장의 종류 구분하기

읽기 | 교과서 83~99쪽 | 학습 목표 : 문장의 종류를 구분할 수 있다.

우리는 한편이야

● 글의 종류 창작 동화
● 글의 특징 부모님께서 다투고 화해하는 과정을 통해 가족의 소중함을 생각할 수 있는 이야기

1 나는 빵 학년 성진호입니다. 우리 누나가 초등학교에 입학하지 않은 아이들은 모두 '빵 학년'이라고 했어요. 그러니까 저는 빵 학년입니다. 우리 누나는 일학년 성진경이랍니다. 누나는 나보다 한 살 더 많지만 키는 작아요. 그래서 누나 같은 느낌이 들지 않을 때가 있어요.

어제가 우리 엄마 생일이었어요. 역시 아빠는 올해도 기억하지 못했어요. 밤 9시 뉴스가 끝나고 잠옷으로 갈아입을 때 엄마가 말했어요.

"㉠당신, 오늘 내 생일인 거 몰랐어요?"

그때서야 아빠가 두 눈을 끔벅끔벅하며 말했어요.

"㉡오늘이 당신 생일이네! 이거 정말 미안해서 어쩌지?"

㉢

누나가 놀란 목소리로 물었어요. 엄마는 아무 대답도 하지 않았어요. 나는 정말 엄마에게 미안했어요. 낳아 주고 길러 준 고마운 엄마의 생일을 잊어버려서요.

1 ㉠과 ㉡의 문장의 종류를 줄로 연결하시오.

(1) ㉠ •   • ① 묻는 문장

(2) ㉡ •   • ② 감탄을 나타내는 문장

2 ㉢ 에 들어갈 문장의 종류를 쓰고, 누나가 ㉢ 에서 어떤 말을 했을지 쓰시오.

(1) 문장의 종류 : (   )

(2) 누나가 했을 말 : _____

02 문장의 종류 구분하기

2 "얘들아, 자자."

엄마 목소리가 곱지 않네요.

누나와 나는 얼른 우리 방으로 돌아왔어요.

누나가 말했어요.

"늦었지만 우리 엄마한테 선물하자."

"지금? 밤인데? 꽃집도 문 닫았고, 선물 가게도 문 닫았어."

"그래서 생각한 건데……. 우리가 진짜 장미꽃을 선물할 수 없으니까 조화를 선물하는 거야."

"장미꽃보다 조화가 더 예뻐?"

누나가 주먹으로 가슴을 두드리는 시늉을 하며 말했어요.

"아이고, 답답해. 조화는 꽃 이름이 아니고 ㉠ 이란 뜻이야."

"아, 알았다! 종이로 만든 꽃도 조화, 플라스틱으로 만든 꽃도 조화구나!"

"맞았어!"

누나가 칭찬해 주었어요. 누나가 스케치북에 크레파스로 장미꽃을 그리기 시작했어요. 나는 누나가 그린 장미꽃에다 빨간 크레파스로 색칠을 했어요. 갑자기 누나가 말했어요.

"참, 아빠도 엄마한테 선물해야지."

누나가 거실로 나가 아빠 손을 잡아끌고 방으로 들어왔어요.

"㉡<u>아빠, 엄마한테 선물로 줄 반지를 그림으로 그리세요.</u>"

누나가 스케치북을 내밀며 말했어요.

"엄마는 가짜 반지를 좋아하지 않을 텐데……."

"우리 선생님께서 말씀하셨는데요, 선물은 마음으로 주고받는 거래요."

"맞는 말이지."

"그러니까 아빠도 그리세요."

누나의 말에 아빠가 스케치북에 반지를 그리기 시작했어요. 나는 장미꽃 서른여섯 송이를 그리며 생각했어요. 솔직히 말해서 저는 마음으로 주고받는 선물은 싫어요. 그런 선물은 만질 수도, 가지고 놀 수도 없잖아요. 내가 받고 싶은 선물은 새로 나온 게임기예요. 내 생일 때 엄마, 아빠가 진짜 게임기를 안 사 주고 그림으로 그려 준다면…… 싫어요. 그건 절대 안 돼요.

이튿날 아침, 나는 장미꽃 서른여섯 송이와 보석 반지가 그려진 그림을 엄마에게 드렸어요.

"엄마, 생일 축하해요!"

엄마가 장미꽃 그림을 보며 "오호!" 하고 감탄했어요.

엄마, 이 반지는 아빠가 주시는 선물이에요."

누나가 반지 그림을 가리켰어요. 반지 그림을 바라보는 엄마 표정이 알쏭달쏭했어요. 한쪽 입술은 웃고 한쪽 입술은 화가 난 것처럼 아래로 내려갔기 때문이에요.

나중에 보니까, 누나와 내가 선물한 장미꽃 그림만 화장대 거울 옆에 압정으로 꽂혀 있었어요.

3 누나와 진호가 아빠와 함께 스케치북에 장미꽃과 반지를 그린 까닭은 무엇입니까?　　　　　　　　　　　　　　　　　　　　　　（　　　）

① 돈이 없어서
② 장미꽃보다 조화가 더 예뻐서
③ 엄마의 선물을 미리 준비하지 못해서
④ 엄마가 정성이 들어간 선물을 좋아해서
⑤ 아빠가 스케치북에 그림을 그려 선물하자고 해서

4 ㉠ 에 들어갈 말로 알맞은 것은 무엇인지 쓰시오.

_____

5 ㉡을 '묻는 문장'으로 바꾸어 쓰시오.

_____

02 문장의 종류 구분하기

> 3 한밤중이었어요. 잠이 오지 않아 몸을 움직였더니 침대가 삐걱거렸어요.
> "잠이 안 와?"
> 아래층 침대에서 누나가 물었어요.
> "응."
> "우리, ㉠두더지놀이 할래?"
> "와, 좋아 ㉡ "
> 나는 자리에서 후다닥 일어나 아래층으로 내려갔어요.
> "조용히 놀아야 해. 엄마, 아빠 깨시니까……."
> 우리는 소리를 내지 않고 입만 벙긋거리며 가위바위보를 했어요. 내가 져서 두더지가 됐어요. 나는 몸을 납작 엎드려 침대 밑으로 들어갔어요. 이제 술래가 된 누나가 나를 잡아야 할 차례예요. 누나가 나를 잡으려고 방바닥에 납작 엎드려 팔을 침대 밑으로 쑥 집어넣었어요. 나는 누나에게 잡히지 않으려고 좁은 침대 밑을 이리저리 기어 다녔어요.
> "너무 깜깜해서 안 보이잖아. 두더지 소리를 내기로 할까?"
> 그때 부모님 방에서 엄마, 아빠 목소리가 좀 크게 들렸어요. 누나는 엄마와 아빠가 다투시는 모양이라고 했어요. 누나와 나는 걱정스러운 마음으로 잠이 들었어요.

6 누나와 '나'가 소리를 내지 않고 입만 벙긋거리며 놀이를 한 까닭은 무엇입니까?

7 ㉠을 '권유하는 문장'으로 바꾸어 쓰시오.

8 ㉡에 들어갈 알맞은 문장 부호는 무엇입니까? (　　)
① . ② ! ③ ? ④ " " ⑤ ……

02 문장의 종류 구분하기

4 이튿날부터 엄마와 아빠는 정답게 이야기를 나누지 않았어요. 웃는 얼굴로 쳐다보지도 않았어요. 만약, 누나와 내가 싸워서 일주일 넘게 쳐다보지도 않고 말도 하지 않았다면, 누나와 나는 엄청 혼났을 거예요. 어쩌다 누나와 싸우면 엄마와 아빠는 누나에게 이렇게 말했어요.

"엄마와 아빠가 없으면 진경이 네가 엄마, 아빠처럼 진호를 보살펴야 해. 그런 네가 동생하고 싸울 수 있어? 동생을 사랑하고 동생한테 양보해야지!"

그리고 나에게는 이렇게 말했어요.

"너보다 작아도 누나는 누나야! 누나를 깔보고 대들면 안 돼! 무슨 일이든 ㉠누나에게 먼저 양보해."

우리에게 그렇게 말한 엄마, 아빠가 서로 사랑하지도 않고 양보도 안 해요.

5 저녁을 먹고 엄마와 아빠는 볼일을 보러 간다며 나가셨어요. 엄마, 아빠가 나가시자마자 누나는 귀신 영화를 보자고 했어요. 그래서 우리는 불을 끄고 의자에 나란히 앉아 비디오를 보기 시작하였어요.

하얀 옷을 입고 머리카락을 길게 풀어 헤친 귀신이 나올 때마다 우리는 더 바짝 붙어 앉아 벌벌 떨었어요. 영화가 점점 더 무서워졌어요. 나도 모르게 손에 땀이 났어요.

"누나, 무서워!"

"우리가 귀신이 되면 안 무서울 거야. 귀신끼리는 한편이니까."

누나가 자리에서 벌떡 일어나 안방으로 들어갔어요. 누나는 장롱에서 엄마의 하얀 속치마를 꺼내 입고 입술에 립스틱을 빨갛게 칠했어요. 머리를 풀어 헤치고 손에는 빨간 고무장갑을 꼈어요. 진짜 귀신 같았어요.

"히히히! 히히히! 널 잡아먹을 테다!"

정말 무서웠어요. 나도 누나처럼 귀신이 되고 싶었어요.

"누나, 나도 귀신 되고 싶어."

누나는 식탁보를 꺼내어 가운데를 머리가 들어갈 만큼 둥글게 잘라 냈어요. 나는 엄마한테 야단을 맞을까 봐 걱정이 되었어요. ㉡누나는 나에게 둥글게 오려 낸 식탁보를 머리에 뒤집어쓰게 했어요. 그리고 검은색 스타킹을 여러 켤레

고무줄로 친친 묶어서 머리에 얹고, 빨간 립스틱을 입술과 턱에 발라 주었어요.

누나와 나는 거울 앞에 나란히 섰어요. 우리 진짜 귀신이 되었어요. 우리는 다시 불을 끄고 의자에 바짝 붙어 앉아 비디오를 보기 시작하였어요.

그때였어요. 현관에서 무슨 소리가 나는가 싶더니 현관문이 덜컥 열렸어요. 엄마가 들어오다가 우리를 보고 소리를 질렀어요.

"어머머!"

그러고는 뒤따라 들어오던 아빠 품으로 달려들었어요. 엄마를 안은 아빠도 깜짝 놀란 눈으로 우리를 쳐다보았어요.

"괜찮아! 괜찮아! 아이들이 노는 거야."

아빠가 엄마 등을 토닥거렸어요.

잠시 뒤, 가운데가 뻥 뚫린 식탁보를 들고 엄마가 야단을 쳤어요.

"너희들 뭐 하는 거니?"

하지만 우린 기뻤어요. 아빠가 엄마를 꼭 안았으니까요.

9 ㉠을 다음과 같이 고쳐 썼습니다. 내가 만약 '나'라면 ㉠ 문장을 들었을 때와 고쳐 쓴 문장을 들었을 때 느낌이 어떻게 다를지 쓰시오.

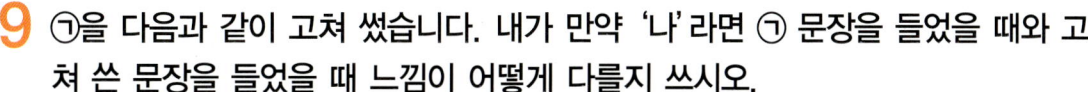

누나에게 먼저 양보하는 게 어떻겠니?

_____

_____

10 ㉡에서 누나가 '나'에게 식탁보를 머리에 뒤집어쓰게 할 때 어떤 말을 했을까요? ( )

① "이걸 머리에 뒤집어써."
② "이걸 머리에 뒤집어쓴다."
③ "이걸 머리에 뒤집어썼니?"
④ "이걸 머리에 뒤집어썼구나!"
⑤ "이걸 머리에 뒤집어쓰면 안 돼."

뛰어넘자 교과서

흥부와 놀부는 어떤 문장으로 말할까?

※ 다음 글을 읽고, 물음에 답하시오.

때 : 옛날 어느 날
곳 : 놀부네 집
나오는 사람 : 흥부, 놀부

흥부 : (대문 앞에 쭈그리고 앉아) 아이고, 배고파.
놀부 : 대문 앞에 대체 웬 놈이냐?
흥부 : 형님, 저 흥부입니다.
놀부 : 아이고, 저 꼬락서니라니! ('퉤' 하고 침을 내뱉으며) 웬일이냐?
흥부 : (머뭇거리며) 저, 아이들이 며칠씩 굶고 있어요. ㉠쌀 좀 주세요.
놀부 : 뭐, 쌀? 너 지금 쌀이라고 했냐?
흥부 : 어린 자식들이 배고파 우는 걸 차마 못 보겠어요. 조금이라도 좋으니 양식 좀 빌려 주세요. 내년 가을에 추수하면 꼭 갚아 드릴게요.
놀부 : 꼴도 보기 싫다, 당장 꺼지 거라.
흥부 : (무릎을 꿇고 두 손을 싹싹 비비며) 형님, 제발 도와주세요.

1 ㉠을 '묻는 문장'으로 바꿔 쓰시오.

2 놀부의 대사에서 '시키는 문장'을 찾아 쓰시오.

24절기 풍습에는 이유가 있다

『사회』_ 3단원 「다양한 삶의 모습」

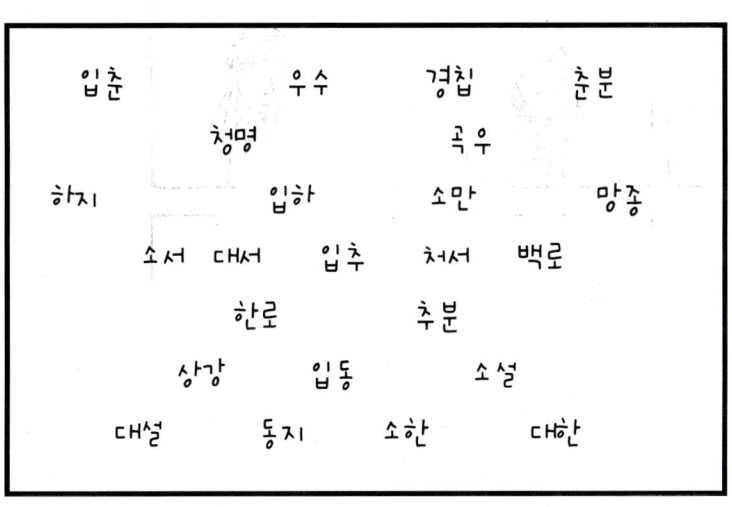

우리나라의 24절기 중 내가 알고 있는 것은 몇 개인지 세어 보시오.

다양한 삶 다양한 문화

> 사회 | 교과서 86~119쪽 | 학습 목표 : 다양한 삶의 모습과 문화를 살펴볼 수 있다.

문화는 한 사회나 집단이 가지고 살아가는 삶의 양식, 삶의 방법, 생활 모습을 말합니다. 우리가 먹는 음식, 입는 옷, 사는 집을 비롯해 풍습, 도덕, 종교와 같은 것이 모두 문화이지요. 이러한 문화는 자연환경, 역사와 전통, 살고 있는 나라나 지역, 시대, 세대에 따라 다릅니다. 오랜 세월에 걸쳐 자연스럽게 만들어진 문화는 사람들의 생각과 행동, 느낌, 취향, 정서 등에 많은 영향을 줍니다. 그리고 춤이나 노래, 옷, 음식, 놀이, 그림 등 다양한 방법으로 표현 되지요. 중요한 것은 문화가 다르더라도 다른 문화에 대해 편견을 가지기보다는 다양한 문화를 이해하고 인정하려고 노력해야 한다는 것입니다.

1 다음을 서로 관련 있는 것끼리 알맞게 연결하시오.

(1) 문화의 뜻 •　　　　• ㉠ 글, 춤, 노래, 음식, 놀이 등

(2) 문화의 기능 •　　　　• ㉡ 사람들의 생각과 행동에 영향을 끼침.

(3) 문화의 표현 •　　　　• ㉢ 사람들의 삶의 양식, 삶의 방법, 생활 모습

2 다음과 같이 나라마다 인사법이 다른 까닭은 무엇입니까?

※ 다음 그림을 보고, 여러 나라의 음식 먹는 방법을 알아보시오.

한국
음식을 먹을 때 숟가락과 젓가락을 이용하고 웃어른이 수저를 든 다음에 음식을 먹습니다.

일본
음식을 먹을 때 젓가락을 사용하고, 밥그릇을 왼손으로 들고 먹습니다.

미국
고기를 즐겨 먹기 때문에 포크와 나이프를 주로 사용합니다.

인도
손을 깨끗이 씻은 다음 오른손으로만 음식을 먹습니다.

3 이 그림과 같이 나라마다 음식을 먹는 방식이 다른 까닭은 무엇입니까?

___

4 우리나라의 음식을 먹는 방법 두 가지를 정리하시오.

- ___
- ___

5 미국은 왜 음식을 먹을 때 주로 포크와 나이프를 사용하는 것일까요?

___

6 인도 사람들은 음식을 먹을 때 꼭 오른손만 사용합니다. 그 까닭은 무엇인지 말해 보시오.

※ 다음 사진을 보고, 우리나라의 민속인 '관혼상제'에 대해 알아보시오.

옛날에는 열다섯 살이 되면 어른이 되었다는 증거로 남자는 상투를 틀어 관을 씌우고 여자는 쪽을 쪄 비녀를 꽂았다.

▲ 어른으로 인정받는 의례 '관'

옛날에 결혼식을 치를 때에는 신랑은 사모관대를 입고 신부는 원삼을 입고 족두리를 썼다.

▲ 새로운 가정을 꾸리는 의례 '혼'

'상'은 사람이 죽었을 때 치르는 의식이다. 옛날에는 5~7일 동안 장을 치렀고 상여를 메고 마을을 한바퀴 돌았다.

▲ 사람이 죽었을 때 치르는 의례 '상'

'제'는 제사를 뜻한다. 조상님이 돌아가신 날이나 명절에 음식을 차려 놓고 지내는 의식이다. 옛날에는 많은 친척들이 모여 늦은 밤에 제사를 지냈다.

▲ 조상께서 돌아가신 날 지내는 의례 '제'

7 옛날에는 열다섯 살이 되면 어른이 되었다는 증거로 무엇을 했습니까?

---

8 다음 ( ) 안에 들어갈 알맞은 말을 쓰시오.

( )은 두 사람뿐만 아니라 양쪽 집안이 관계를 맺는 의례로 옛날에는 ( )를 입은 신랑과 원삼을 입고 ( )를 쓴 신부가 신부 집에서 혼례를 올렸다. 하지만 오늘날에는 주로 ( )에서 서양식 예복을 입고 한다. 하지만 예나 지금이나 신랑과 신부가 오랫동안 행복하게 살기를 바라는 마음은 변함이 없다.

9 '제'는 어떤 의식인지 쓰시오.

※ 다음 글을 읽고, 물음에 답하시오.

> 명절은 예로부터 계절에 따라 의미 있는 날을 정해 놓고 해마다 일정하게 지키어 즐기거나 기념하는 날로, 특별한 음식이나 놀이를 함께 즐기면서 조상을 섬기고 가족 및 마을 주민들과의 화합을 높입니다. 우리나라의 주요 명절에는 설, 추석, 한식, 단오, 정월 대보름 등이 있습니다. 그리고 외국의 대표적인 명절은 중국의 중추절과 춘절, 일본의 오봉절과 오쇼가쯔, 러시아의 성 드미트리 토요일, 미국의 추수 감사절, 베트남의 뗏 등이 있습니다. 세계 여러 나라의 명절 풍습을 통해 그 나라 사람들의 생활 모습을 알 수 있습니다.

10 다음은 한국, 중국, 일본의 대표적인 명절에 대한 설명입니다. 세 나라의 명절의 다른 점을 두 가지만 쓰시오.

	우리나라의 설	중국의 춘절	일본의 오쇼가쯔
날짜	1월 1일 (음력)	1월 1일(음력)	1월 1일(양력)
하는 일	차례, 세배, 복조리 걸기	고향 방문, 제사, 세배	신사나 사찰 찾기, 해돋이 구경, 대문에 가토마쓰 장식
음식	떡국	만두	오조리, 오세치
놀이	윷놀이, 연날리기 등	사자놀이, 폭죽놀이	연날리기
의미	새해맞이	가족의 화목과 행복 기원	행복을 기원

• _____

• _____

11 다음 대화를 보고 중국의 중추절과 미국의 추수 감사절과 비슷한 우리의 명절은 무엇인지 말해 보시오.

> 두산 : 중국의 중추절은 가족끼리 안녕을 기원하며 풍년을 감사하는 명절이야.
> 미호 : 미국의 추수감사절은 수확에 대한 감사와 가족의 화목을 기원하는 명절이야.

01 봄이 시작되는 첫날, 입춘

※ 다음 글을 읽고, 물음에 답하시오.

> 입춘 무렵이면 옛 어머니들은 겨우내 꼭꼭 닫아 두었던 집 안 문을 활짝 열고 대청소를 했어요. 집 안 곳곳에 쌓인 묵은 먼지를 훌훌 털어 내고 봄의 새 기운을 맞이하기 위해서이지요. 그리고 커다란 종이에다 '입춘대길(立春大吉)'이라는 글자를 큼직하게 적어 대문에 붙인답니다. 그렇게 '입춘대길'이라고 써 붙이는 것을 '입춘서'라고 하지요.

1 입춘은 봄이 시작되는 첫날이에요. 그렇다면 입춘은 몇 월 며칠쯤일까요?

_____

2 입춘이 되면 집집마다 문이나 기둥 등에 아래와 같은 글을 써서 붙였는데, 이를 '입춘서'라고 합니다. 입춘에 아래와 같은 '입춘서'를 붙이는 까닭은 무엇인지 쓰시오.

- 입춘대길
  한자 : 立 春 大 吉
  　　　설입 봄춘 큰대 길할길
  뜻 : 봄이 오니 큰 행복이 찾아온다.

- 건양다경
  한자 : 建 陽 多 慶
  　　　세울건 볕양 많은다 경사경
  뜻 : 건강하고 밝은 기운이 도니 경사스러운 일이다.

_____

3 내가 입춘서를 쓴다면, 어떤 내용의 입춘서를 쓰고 싶은지 쓰시오.

_____

02 수레바퀴 모양의 수리취떡 먹는 단오

※ 다음 글을 읽고, 물음에 답하시오.

▲ 수리취떡

요즘은 단오를 큰 명절로 여기지 않지만 조선 시대만 해도 단오는 설날, 추석과 함께 우리나라 3대 명절로 꼽혔어요.

단옷날 여자들은 창포물에 머리를 감고 그네뛰기를 하며 놀았어요. 남자들은 씨름 대회를 열어 한판 신나게 놀았지요. 모내기를 끝내고 풍년을 기원하며 여러 가지 음식을 만들어 제사를 지내기도 했어요.

단옷날은 수리취의 어린잎을 뜯어다 멥쌀과 함께 빻아서 동그란 수레바퀴 모양을 찍어 만든 '수리취떡'을 먹었어요. 둥근 수레바퀴처럼 농사일도 잘 굴러가라는 뜻이 담겨 있지요.

1 단옷날 여자와 남자가 하는 놀이를 각각 쓰시오.

- 여자:

- 남자:

2 단옷날 수레바퀴 모양을 찍어 만든 '수리취떡'을 먹는 까닭은 무엇인지 쓰시오.

03 기우제를 지내는 하지

※ 다음 글을 읽고, 물음에 답하시오.

옛날, 우리나라 사람들은 대부분 농사를 지으며 살았어요. 그래서 사람들은 물을 아주 귀하게 생각했지요. 물이 없으면 농사를 지을 수 없으니까요. 그래서 일 년 중 낮이 가장 긴 절기인 하지가 지날 때까지 비가 내리지 않으면 기우제를 지냈어요. 기우제는 가뭄이 계속될 때 비를 내려 달라고 하늘에 지내는 제사를 말하는데, 사람들이 제사를 지낸 까닭은 옛날에는 비가 안 오는 것은 사람들이 죄를 지었기 때문이라고 생각해서랍니다.

그리고 강원도 평창군 일대 사람들은 하지 무렵 감자를 캐어 밥에다 하나라도 넣어 먹어야 감자가 잘 열린다고 믿었어요. "하짓날은 감자 캐먹는 날이고 보리 환갑이다."라는 말이 있는데, 하지가 지나면 보리가 마르고 알이 잘 배지 않기 때문이에요. 또 하지가 지나면 감자 싹이 죽기 때문에 하지 때에는 감자를 캐다가 전을 부쳐 먹었답니다.

1 농사짓는 사람들에게 비가 중요한 까닭은 무엇입니까?

_____

2 논에 벼를 옮겨 심고 '하지'가 지나도 비가 오지 않아서 사람들이 기우제를 지내려고 합니다. 기우제를 지낼 때 읽을 기도문에 들어갈 내용을 쓰시오.

04 단풍놀이 하기 좋은 한로

※ 다음 글을 읽고, 물음에 답하시오.

한로 무렵이 되면 신선한 바람이 불고 나무들도 울긋불긋 단풍이 들어요. 그래서 한로가 있는 9월은 단풍 구경하기 참 좋은 때이지요. 우리나라에서는 해마다 한로 무렵이 되면 임금님과 신하들이 함께 단풍 구경을 하며 시를 지었어요. 여름 내내 농사를 짓느라 고생을 했던 백성들도 그때만은 술과 음식을 준비해 산이나 계곡으로 단풍놀이를 갔지요. 요즘도 한로 무렵이 되면 가을 단풍놀이를 즐기는 사람들을 많이 볼 수 있답니다.

한로 무렵엔 단풍도 예쁘게 들지만 곳곳에 국화꽃도 많이 피어요. 그래서 우리 조상들은 한로 무렵 산에 올라 국화로 만든 떡을 먹고 술을 마셨답니다.

▲ 단풍

1 한로 무렵에 하기 좋은 것은 무엇인지 쓰시오.

2 가을을 하늘은 높고 말이 살찐다는 의미의 '천고마비'의 계절이라고 부르기도 합니다. 그렇게 부르는 까닭은 무엇인지 쓰시오.

05 빨간 팥죽 먹는 동짓날

※ 다음 글을 읽고, 물음에 답하시오.

동지는 일 년 중 밤이 가장 긴 날이에요. 동지가 지나고부터는 낮의 길이가 다시 길어지기 시작하지요. 옛날 사람들은 이날을 태양이 죽음으로부터 부활하는 날이라 여겼어요. 그래서 동지를 한 해의 시작이라는 의미로 '작은 설'이라고 부르기도 했지요. 동지에는 팥으로 만든 팥죽을 먹었어요. 귀신이 팥의 붉은색을 싫어하기 때문에, 귀신을 쫓는 의미가 있었지요. 팥죽에는 찹쌀을 빚어 새알 모양으로 만든 새알심을 넣었어요. 어린이들은 자기 나이 수만큼 팥죽에 새알심을 넣었답니다.

▲ 팥죽

1 옛날 사람들은 동지를 어떤 날이라고 여겼습니까?

_____

2 동지에 팥죽을 먹는 데에는 어떤 의미가 담겨 있습니까?

_____

3 동지에는 붉은 색 팥죽을 쑤어 먹습니다. 그럼 날이 추워지기 시작하는 '상강'에는 어떤 음식을 먹으면 좋을지 까닭과 함께 쓰시오.

> 상강 : 서리가 내린다는 이 시기는 음력 9월, 양력 10월 23~34일 경이다. 이때에는 산의 나무와 풀들이 누렇게 변하고, 겨울잠을 자는 벌레가 모두 땅속으로 숨는다.

• 상강에 먹으면 좋을 음식 :

• 그 까닭 :

의견과 까닭을 알아보아요

『듣기·말하기』·『읽기』_ 6. 서로의 생각을 나누어요

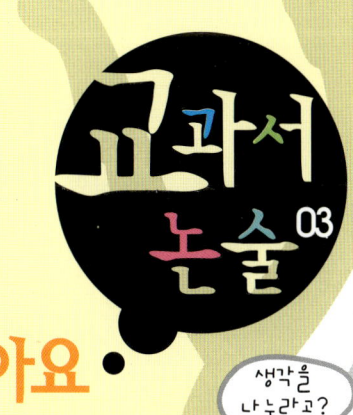

01 왜 그런 행동을 했을까?

듣기 · 말하기 | 교과서 86~90쪽 | 학습 목표 : 인물의 행동에 대한 내 의견을 말할 수 있다.

마녀의 빵

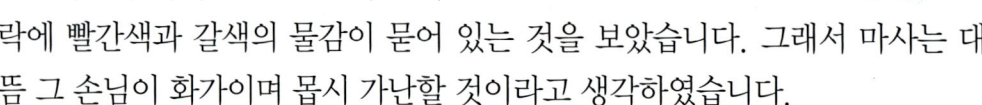

그런데 그 손님은 항상 며칠이 지난 묵은 빵만 사 갔습니다. 묵은 빵은 갓 구워낸 빵보다 반 정도 값이 쌌습니다.

언제인가 마사는 그 손님의 손가락에 빨간색과 갈색의 물감이 묻어 있는 것을 보았습니다. 그래서 마사는 대뜸 그 손님이 화가이며 몹시 가난할 것이라고 생각하였습니다.

'그분은 그림 도구를 방에 내려놓겠지. 방 안에는 멋진 그림이 있을 거야. 곧 딱딱하게 굳은 빵과 물을 가져다 점심 준비를 하겠지. 그리고 빵을 얇게 썰겠지. 아아!'

마사는 얼굴이 붉게 달아올랐습니다.

'그분은 빵을 먹으면서 그 속에 버터를 넣어 준 내 마음을 생각해 줄까? 그분은……'

그때 갑자기 가게의 문이 거칠게 열렸습니다. 그리고 누구인가가 몹시 요란스럽게 가게 안으로 들어오려고 하는 것이었습니다. 마사는 서둘러 가게 입구로 다가갔습니다. 두 명의 남자가 들어왔습니다. 한 사람은 전혀 본 적이 없는 젊은 남자이고, 다른 한 사람은 마사 가게의 단골손님으로 마사가 상상하고 있는 그 화가였습니다.

화가의 머리는 덥수룩하게 헝클어져 있었습니다. 그 사람은 주먹을 꽉 움켜쥐고 마사를 향하여 흔들었습니다.

"이런 마녀 같은 여자야!"

하고 마사가 들어본 적이 없을 만큼 엄청나게 큰 목소리로 소리쳤습니다. 같이 온 젊은 남자는 그를 달래며 가게 밖으로 데리고 나가려고 하였습니다.

"아니야, 나는 그냥 못 가! 이 여자에게 따끔한 소리를 해 주기 전에는!"

단골손님은 몹시 화가 난 듯이 소리치고는 계산대를 주먹으로 쾅 내리쳤습니다.

"당신 때문에 난 망했어. 이 주제도 모르는 여자야."

하고 눈을 부릅뜨며 계속 소리쳤습니다.

마사는 비틀거리면서 진열대에 몸을 기대었습니다. 젊은 남자가 단골손님을 붙잡으며 말하였습니다.

"자, 이젠 가자고……. 이젠 할 만큼 다 말했잖아."

그는 성난 단골손님을 가게 밖으로 데리고 나가 길에 세워 놓고는 다시 돌아왔습니다.

"저 사람이 왜 그러는지 알려 드리는 것이 좋겠네요. 저 사람은 건축 설계를 하는 사람이에요. 나도 저 사람과 같은 직장에서 일하고 있지요. 그런데 저 사람은 석 달 전부터 온 힘을 다하여 새로 지을 시청 건물의 설계도를 그리고 있었어요. 그리고 마침내 어제 거의 다 완성을 하였지요. 아시겠지만 설계도를 그리는 사람은 연필로 먼저 그린 뒤에 잉크로 덧칠을 합니다. 그런 다음 식빵 조각으로 연필 자국을 지워가는 것이지요. 식빵이 고무지우개보다 훨씬 잘 지워지니까요. 저 친구는 아주머니 가게에서 빵을 사다가 설계도에 있는 연필 자국을 지우는 데 썼던 거예요. 그런데 오늘…… 아시겠지만 아주머니, 그 버터 때문에…… 빵 속에서 나온 버터 때문에 설계도가 온통 얼룩져서 못쓰게 되어 버렸어요."

1 마사가 남자 손님을 화가라고 생각한 까닭은 무엇입니까? (   )

① 모자를 쓰고 다녀서
② 물감을 들고 다녀서
③ 손가락에 물감이 묻어 있어서
④ 항상 멋진 그림을 들고 다녀서
⑤ 항상 며칠이 지난 묵은 빵을 사 가서

2 마사의 행동이 어떤 결과를 가져 왔는지 쓰시오.

| 행동 | 손님의 빵 속에 버터를 넣음 | 결과 | |

3 마사가 손님의 빵에 버터를 넣은 행동에 대한 내 의견을 정하고, 그 의견에 대한 까닭을 쓰시오.

(1) 내 의견: _____

(2) 그 까닭: _____

02 왜 사람마다 생각이 다를까?

읽기 | 교과서 102~111쪽 | 학습 목표 : 독서 감상문에서 의견과 까닭을 찾을 수 있다.

자린고비 영감

- 글의 종류 전래동화
- 글의 특징 자린고비 영감의 행동을 그림과 함께 재미있게 나타낸 이야기이다.

옛날에 온 동네에서 알아주는 구두쇠인 자린고비 영감이 살았습니다.

밥 한 숟가락을 입에 넣고는 반찬을 먹는 대신 천장에 매달린 굴비를 쳐다보았습니다.

짚신 닳는 것이 아까워 짚신을 허리에 차고 맨발로 걸어다녔습니다.

생선을 사는 척하면서 두 손에 생선 비린내를 잔뜩 묻혀 그 손을 씻은 물로 국을 끓였습니다.

1 다음 중 자린고비 영감이 한 행동에 ○표를 하시오.

(1) 굴비가 아까워 허리에 차고 다녔다.   (   )

(2) 맨발로 걸어다녔다.   (   )

(3) 생선 비린내를 묻혀 그 손을 씻은 물로 국을 끓였다.   (   )

2 현주와 정우의 의견과 까닭을 정리해 쓰시오.

> **현주**
>
> 자린고비 영감의 돈을 아끼는 태도를 본받아야 합니다. 요즈음 물건을 낭비하는 사람이 많습니다. 연필이나 지우개를 잃어버려도 찾을 생각을 하지 않거나 수돗물이나 전기, 음식 등을 낭비하는 친구들도 있습니다. 우리 학교에서 잃어버린 물건을 주인이 찾아가도록 하기 위하여 만들어 둔 '주인을 찾습니다.' 상자에는 쓸 만한 물건들이 쌓여 있는데도 주인이 찾아가지 않는다고 합니다.

> **정우**
>
> 저는 자린고비 영감의 행동이 잘못되었다고 생각합니다. 왜냐하면, 생선을 사지도 않으면서 손으로 뒤적거리기만 하면 생선 장수가 손해를 보기 때문입니다. 손으로 뒤적거려 싱싱한 생선이 상하게 되면 생선 장수가 물건을 팔 수 없어 손해를 봅니다. 자린고비 영감이 돈을 아끼는 것은 좋지만, 다른 사람에게 피해를 주어서는 안 됩니다.

	현주	정우
의견		
까닭		

교과서 논술 03

임금님이 나쁜가? 장인이 나쁜가?

경문왕은 왕이 된 뒤부터 귀가 자꾸만 길어져서 당나귀 귀같이 되었습니다. 귀가 길어 왕관으로도 가릴 수 없게 된 왕은 모자를 만드는 장인을 불렀습니다.

"내 귀에 맞춰 새 사모를 만들어 와라. 그리고 내 귀가 당나귀 귀라는 것을 아무에게도 말하지 말라."

장인은 어명을 따르겠다고 했지만 하고 싶은 말을 못해 병이 났습니다. 장인은 끙끙 앓다가 도림사란 절의 대나무 밑으로 들어갔습니다. 그리고는 큰 소리로 이렇게 외쳤습니다.

"우리 임금님 귀는 당나귀 귀다, 우리 임금님 귀는 당나귀 귀다."

장인은 그제야 가슴이 후련하여 병이 나았습니다. 그런데 바람만 불면 대나무들이 "임금님 귀는 당나귀 귀" 하고 외쳤습니다. 그것을 들은 성난 임금은 화가 나서 대밭을 모조리 베어 버렸습니다.

1 장인의 행동에 대한 내 의견을 정하고, 그 의견에 대한 까닭을 정리하시오.

> 장인이 "임금님 귀는 당나귀 귀다." 하고 외친 것은 잘한 일이다.
>
> | 그렇다. | 그렇지 않다. |
>
> 그 까닭은

2 내가 모자 만드는 장인이라면 어떻게 행동할지 쓰시오.

내가 모자 만드는 장인이라면

03 의견과 까닭, 어떻게 구별할까?

읽기 | 교과서 105~108쪽 | 학습 목표: 독서 감상문을 읽고, 의견과 까닭을 구별할 수 있다.

프레드릭을 읽고

- 글의 종류: 독서 감상문
- 중심 생각: 프레드릭이 식량과 햇살과 색깔과 이야기도 모았어야 한다.

조현우

학교에서 "프레드릭"을 읽었다. 친구들에게 즐거움과 희망을 주는 멋진 친구, 프레드릭을 만나 보라고 선생님께서 말씀하셨기 때문이다.

나는 책을 읽고 나서 '개미와 베짱이' 이야기를 떠올렸다. 베짱이는 일하지 않고 노래를 부르며 놀기만 하였다. 그래서 겨울에는 배가 고프고 추워서 벌벌 떨며 지냈다.

프레드릭이 식량도 모으고 햇살, 색깔, 이야기도 모았어야 한다고 생각한다. 왜냐하면 힘든 일을 함께하는 것도 친구들과 즐거움을 나누는 방법이기 때문이다.

그리고 프레드릭이 모은 햇살, 색깔, 이야기로 긴 겨울을 행복하게 지낼 수도 있기 때문이다.

1 현우가 "프레드릭"을 읽고, 떠올린 이야기는 무엇입니까?

___

2 현우는 프레드릭의 어떤 행동에 대한 생각을 이야기하였습니까? (　　)

① 일을 열심히 하는 행동
② 친구들을 못살게 구는 행동
③ 노래를 부르고 춤을 추는 행동
④ 다른 친구들의 곡식을 빼앗은 행동
⑤ 일은 하지 않고 햇살, 색깔, 이야기만 모은 행동

3 현우의 의견은 무엇인지 쓰시오.

___

03 의견과 까닭, 어떻게 구별할까?

프레드릭에게

- 글의 종류 독서 감상문
- 중심 생각 프레드릭이 앞으로도 햇살과 색깔과 이야기를 모아야 한다.

프레드릭, 안녕?

책 표지에서 너를 처음 보았을 때 눈을 반쯤 감은 채로 꽃을 들고 있는 모습이 재미있었어. 그런데 혹시 게으름뱅이는 아닐까 하는 생각도 했어.

다른 쥐들이 겨울에 먹을 식량을 모을 때 너는 ㉠<u>다른 일</u>을 하였어. 다른 쥐들이 물었지.

"프레드릭, 넌 왜 일을 안 하니?"

너는 추운 겨울을 위하여 햇살과 색깔을 모은다고 하였어. 또, 졸고 있다고 나무라는 들쥐들에게 이야기를 모으고 있다고 하였지. 나는 네가 게으름뱅이인 데다가 일을 하기 싫어 햇살, 색깔, 이야기를 모은다고 핑계 대는 줄 알았어. 다른 쥐들은 모두 열심히 일하는데 너는 계속 놀기만 하였으니까.

하지만 프레드릭, 너는 겨울이 되어 다른 쥐들이 힘들어할 때 큰 힘이 되었어. 노란 빛깔의 햇살을 보여 주는 모습은 정말 신기하였어! 또 다른 쥐들에게 봄, 여름, 가을, 겨울의 이야기도 들려주었지. 넌 모두에게 즐거움과 희망을 준 거야!

프레드릭, 네가 앞으로도 계속 햇살과 색깔과 이야기를 모아야 한다고 생각해. 추운 겨울을 위하여 햇살과 색깔과 이야기를 미리 모아 두어야 다른 쥐들을 기쁘게 해 줄 수 있으니까.

그런데 햇살과 색깔을 모으는 방법, 이야기를 잘하는 방법이 궁금해. 나에게도 알려 줄 수 있니?

20○○년 ○○월 ○○일
주리가

4 ㉠ '다른 일'은 무엇인지 쓰시오.

5 이 글에 나타난 주리의 의견과 의견에 대한 까닭을 찾아 밑줄을 그으시오.

04 의견이 어떻게 다른가?

읽기 | 교과서 109~116쪽 | 학습 목표 : 이야기를 읽고, 인물의 행동에 대한 의견을 비교할 수 있다.

새들의 왕 뽑기

● 글의 종류 이야기
● 중심 생각 정직하지 못한 방법을 쓰는 것은 옳지 않다.

어느 숲 속에 온갖 새들이 모여 살고 있었습니다. 새들은 서로 자기가 왕이라고 우겼습니다.
어느 날 산신령이 새들을 모두 불러 모아 놓고 말하였습니다.
"너희들 가운데 가장 아름다운 새를 왕으로 삼겠다. 일주일 뒤에 모두 여기로 모여라."
새들은 서로 왕으로 뽑히기 위하여 자기를 아름답게 꾸미기 시작하였습니다.
시냇물에 몸을 닦은 두루미가 잔잔한 물에 자기 몸을 비추며 말하였습니다.
"아무리 보아도 난 아름답단 말이야. 산신령님이 나를 왕으로 뽑아 주실 거야."
"흥, 말도 안 돼! 내가 새들의 왕이 될 거야."
옆에 있던 꾀꼬리가 노란 깃털을 뽐내며 말하였습니다.
"너희가 아무리 꾸민다고 해도 내 꽁지를 따라올 수 있겠니?"
공작이 알록달록한 꽁지를 활짝 펴며 우쭐대었습니다.
까마귀도 왕이 되고 싶어 날마다 숲 속을 돌아다니며 다른 새들이 떨어뜨린 깃털을 주워 모았습니다. 그러고는 그것을 몸의 여기저기에 꽂았습니다.
"참 신기하네. 빨강, 초록, 노랑, 보라의 깃털을 몸에 꽂으니까 정말 멋진데! 이 정도면 내가 왕이 될 거야."
약속한 날이 되어, 새들이 모두 산신령 앞에 모였습니다.
까마귀도 어깨를 으스대며 그곳에 참석하였습니다.
산신령이 새들을 살펴보다가 말하였습니다.
"오! 너는 처음 보는 아름다운 새로구나. 너를 새들의 왕으로 삼겠다."
그 말을 들은 다른 새들이 모두 놀라며 까마귀를 쳐다보았습니다.
"처음 보는 새인데, 넌 누구니?"
"난 까마귀야."
"뭐, 까마귀라고?"
새들이 까마귀를 둘러싸고 물었습니다.

그때, 공작이 까마귀의 깃털 중에서 자기 깃털을 발견하였습니다.
"어, 이건 내 깃털이잖아?"
"이건 내 건데……."
새들이 하나둘 자기의 깃털을 뽑아 갔습니다. 그러자 까마귀는 제 모습으로 돌아왔습니다.

"하하하, 남의 깃털을 자기 깃털인 척하다니."
다른 새들이 모두 까마귀를 비웃었습니다.

1 산신령은 어떤 새를 왕으로 삼겠다고 하였습니까?

_____

2 왕이 되고 싶은 까마귀가 한 일은 무엇입니까? (   )

① 자기 깃털을 뽑았다.
② 하얀 색으로 물을 들였다.
③ 다른 새들의 깃털을 뽑았다.
④ 물가에서 자기 몸을 닦았다.
⑤ 다른 새들의 깃털을 주워 모아 몸에 꽂았다.

3 다른 새들이 모두 까마귀를 비웃은 까닭은 무엇인지 쓰시오.

_____

4 "가장 아름다운 새를 왕으로 뽑겠다."고 한 산신령의 행동에 대한 내 의견을 쓰시오.

나는 산신령이 _____ 생각한다.

왜냐하면 _____

이야기와 그림 속에 그림자 있다

나도 그림자 있다.

『과학』_ 4. 빛과 그림자

이것은 무엇으로 하는 인형극입니까?

이야기와 그림 속에 그림자 있다

과학 | 교과서 108~143쪽 | 학습 목표 : 빛과 그림자에 대해 알 수 있다.

※ 다음 사진을 보고 물음에 답하시오.

▲ 나무   ▲ 태양광 자동차
▲ 야구장의 조명   ▲ 사무실 전등   ▲ 자동차 전조등

1 빛이 나무에게 어떤 역할을 하고 있는지 쓰시오.

_____

2 야구장의 조명, 사무실 전등을 통해 알 수 있는 조명의 역할은 무엇인지 보기에서 골라 기호를 쓰시오.

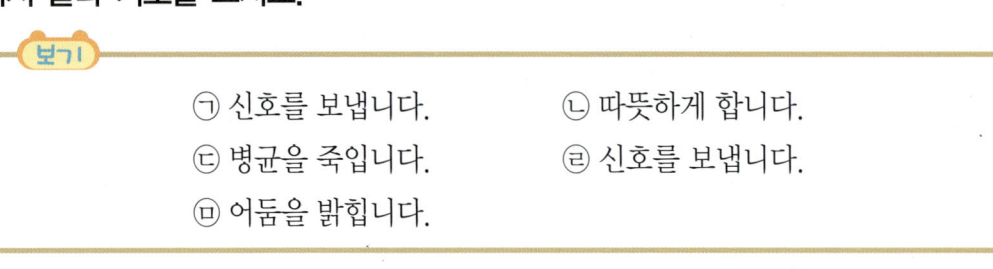

보기
㉠ 신호를 보냅니다.   ㉡ 따뜻하게 합니다.
㉢ 병균을 죽입니다.   ㉣ 신호를 보냅니다.
㉤ 어둠을 밝힙니다.

(   )

3 세상의 빛이 사라진다면 어떤 일이 일어날지 두 가지만 말해 보시오.

※ 다음 사진을 보고 물음에 답하시오.

▲ 모자   ▲ 암막 커튼

▲ 색이 진한 자동차 유리   ▲ 갈색 유리병   ▲ 색안경(선글라스)

4 이 사진에 있는 물건 중 빛을 많이 가리는 것과 빛을 부분적으로 가리는 것으로 구분하여 이름을 쓰시오.

• 빛을 많이 가리는 경우: _____

• 빛을 부분적으로 가리는 경우: _____

5 유리병을 갈색으로 만들어 빛을 가리는 이유는 무엇일까요?

_____

_____

※ 다음 글을 읽고, 물음에 답하시오.

> 앞으로 나아가던 빛이 불투명한 물체를 만나면 그것을 통과하지 못하여 빛이 물체 뒤로 가지 못합니다. 그래서 물체 뒤에 그림자가 생깁니다. 투명한 물체는 빛의 대부분이 통과하여 그림자가 거의 생기지 않습니다. 또한, 반투명한 물체는 빛이 조금만 통과하여 옅은 그림자가 생깁니다.
> 물체의 모양대로 그림자가 생기는 까닭은 빛이 공기 중에서 곧게 나아가기 때문입니다. 빛이 휘어져 나가면 그림자가 모양대로 생기지 않습니다.
> 바닥에 머리빗을 세워서 고정한 다음, 햇빛이나 손전등을 비추면 뒤쪽에 그림자가 생기는 것을 볼 수 있습니다. 이때, 생긴 그림자의 모습을 보면 빛이 직진한다는 것을 알 수 있습니다.

6 사람은 왜 그림자가 생기는 것일까요?

7 다음 사진을 보고 알 수 있는 사실 한 가지를 쓰시오.

※ 다음 글을 읽고, 물음에 답하시오.

> 빛이 곧게 나아가는 성질을 이용하여 광원과 물체의 가장자리를 이어서 선을 그으면, 물체의 그림자가 어떤 모습일지 쉽게 예상할 수 있습니다.
> 물체를 광원에서 멀리하면 그림자는 작아지고, 반대로 물체를 광원에 가까이하면 물체는 커집니다.
> 물체의 위치가 고정되어 있어도 광원의 위치를 바꾸면 물체의 그림자가 커지거나 작아집니다.

8 다음 ☐ 안에 들어갈 알맞은 말을 쓰시오.

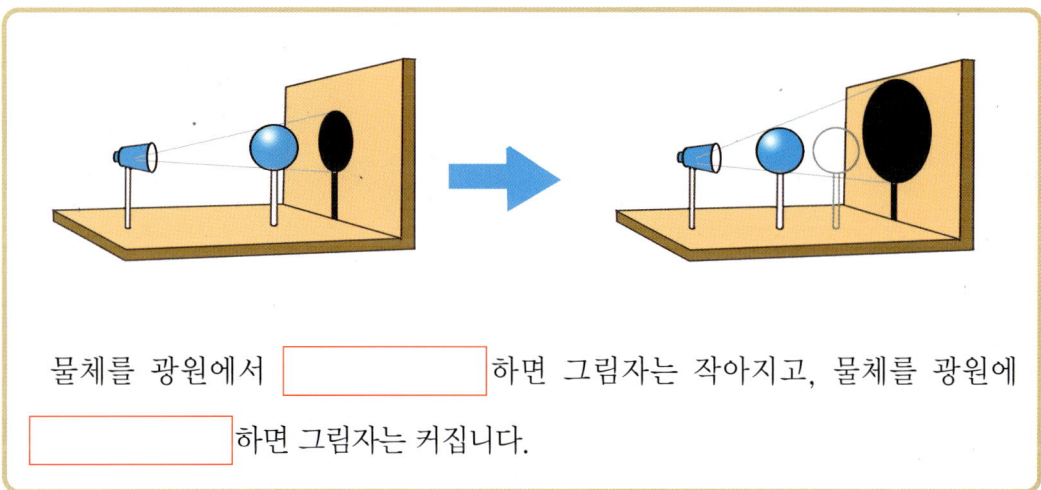

물체를 광원에서 ☐하면 그림자는 작아지고, 물체를 광원에 ☐하면 그림자는 커집니다.

9 광원을 물체에 가까이하면 그림자의 크기는 어떻게 됩니까?

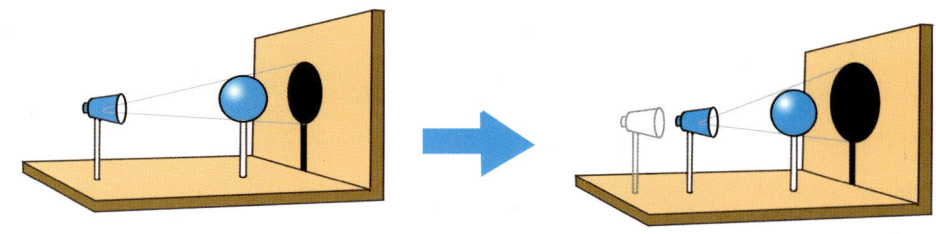

01 가시 도깨비

※ 다음 글을 읽고, 물음에 답하시오.

옛날 어느 마을에 마음씨 착한 나무꾼이 살았는데, 어느 날 나무를 하러 갔다가 그만 길을 잃었어요. 산속을 헤매던 나무꾼은 허름한 집 한 채를 발견하고 그 집에서 하룻밤 머물기로 했지요. 나무꾼은 방으로 들어가 날이 밝기를 기다리며 벽에 머리를 기대었어요. 그런데 그때 문밖에서 통탕통탕 발자국 소리가 들렸어요. 나무꾼이 문틈으로 밖을 내다보니 도깨비 셋이 집 쪽으로 다가오고 있었어요. 나무꾼은 얼른 벽장 안에 숨었지요. 도깨비가 집 안으로 들어오자 나무꾼은 숨을 죽이고 그들의 이야기를 엿들었어요.

"하하하, 너희들 낮에 말뚝이 엉덩방아 찧는 거 봤어? 그거 내가 묶어 놓은 줄에 걸려서 넘어진 거다."

"정말? 난 오늘 서당에서 돌돌이 책에 엿을 붙여 두었지. 돌돌이가 책을 펴다가 손이 엿에 붙어서 한참 동안 고생을 했다니까. 히히히!"

이야기를 듣던 한 도깨비가 걱정스러운 얼굴로 말했어요.

"얘들아 우리가 아이들을 괴롭히고 다닌다는 걸 가시 도깨비 님이 아시면 크게 화내실 거야. 난 가시 도깨비 님이 정말 무서워. 머리에 난 세 개의 뿔도 무섭고 몸에 난 뾰족뾰족한 가시도 무서워."

덩치가 큰 도깨비가 말했어요.

"걱정 마. 우리가 말하지 않으면 가시 도깨비 님은 모르실 거야."

날이 밝자 도깨비들은 서둘러 집을 나섰어요. 나무꾼은 도깨비들이 사라지자 벽장에서 나왔지요.

'저 녀석들이 요즘 마을에 내려와 아이들을 못 살게 구는 도깨비들이구나. 도깨비들이 다시는 아이들을 못 괴롭히게 혼을 내주어야겠다.'

집으로 돌아온 나무꾼은 광에서 허수아비와 당근 세 개 그리고 엄나무 가지를 챙겨 지난 밤 그 집으로 갔어요. 나무꾼은 허수아비의 머리에 당근 세 개를 꽂고, 가시가 뾰족뾰족한 엄나무 가지를 허수아비의 몸에 둘둘 감았어요. ㉠나무꾼은 허수아비를 방문 앞에 세워 놓고, 호롱불을 허수아비 가까이에 두었

<u>어요.</u> 나무꾼은 벽장 안에 몸을 숨기고 도깨비들이 오기만을 기다렸어요. 그때 도깨비들이 터벅터벅 걸어 들어오다가 방문에 비친 그림자를 보았어요.

"으악! 저게 뭐야?"

"가… 가… 가시 도깨비 님이다!"

나무꾼은 놀라는 도깨비를 보고 벽장 안에서 큰 소리로 말했어요.

"이 녀석들, 내 말을 어기고 연약한 아이들을 괴롭혔으니 내 손에 혼나야겠다."

덩치 큰 도깨비는 덜덜덜 떨며 빌었어요.

"가…가…가시 도깨비 님. 잘못했습니다. 다시는 아이들을 괴롭히지 않겠습니다."

"그럼 당장 이 집에서 나가 다시는 이 마을에 나타나지 말거라."

"예, 알겠습니다."

세 도깨비는 발바닥에 불이 나도록 뛰어 도망쳤어요. 이 일이 있은 뒤로 도깨비들은 더 이상 마을에 나타나지 않았고, 나무꾼은 산속 집으로 이사해 가족들과 오순도순 행복하게 살았답니다.

1 도깨비들이 무서워하는 가시 도깨비의 생김새를 설명하시오.

가시 도깨비는 _____

2 나무꾼이 ㉠과 같이 호롱불을 허수아비 가까이에 둔 까닭은 무엇입니까?

3 나무꾼은 어떤 원리를 이용하여 도깨비들을 물리쳤습니까?

02 그림 속 그림자

※ 다음 그림을 보고, 물음에 답하시오.

▲ 렘브란트, 『야간순찰』

1 그림 속에 밝은 곳과 어두운 곳이 있는 까닭은 무엇입니까?

_____

2 이 그림을 보고 알 수 있는 것은 어느 것입니까?   (   )

① 빛의 종류
② 빛의 세기
③ 빛의 색깔
④ 빛의 방향
⑤ 빛의 두께

이야기 속으로

『쓰기』_ 6. 서로의 생각을 나누어요

콩쥐팥쥐 이야기에서 팥쥐가 착한 아이라면
이야기는 어떻게 달라졌을까요?

인물과 하나되어

학습 목표 : 시에 나오는 인물을 생각하며 시를 읽고, 내 경험을 떠올려 시를 쓸 수 있다.

생 일

김용택

혜연이 앞으로 나와 하시더니
자 업혀라 등 내미는 선생님.
까닭없이 부끄럼 솟아나는데
돌아보며 채근하는 선생님 손.

머뭇거리다 수업 시작 종 울리고
아이들 제자리로 돌아갈 때쯤
㉠어느새 학교 담장 밖의 달동네
한 눈에 든다.

어이구 녀석 많이 자랐구나.
교실 한 바퀴 도는 동안
박수치는 장면 버스처럼 지나고.
아빠 살아 계셨으면 이러했을걸.
왈칵 선생님 목에 매어 달린
열 살 아침의 생일 선물.

1 ㉠이 의미하는 것은 무엇입니까?

_____

2 빈 칸에 혜연이의 마음이나 행동의 변화를 쓰시오.

3 시를 다시 한번 읽고, 혜연이가 되어 시의 내용을 이야기로 풀어서 쓰시오.

> 우리 담임선생님은 항상 반 친구들 중 누군가 생일이 되면 업고 교실을 한 바퀴 돌고 수업을 시작하셨다.

오늘은 내 생일이다. _____

_____

_____

_____

4 혜연이처럼 선생님의 사랑을 느낀 적이 있나요? 그때의 이야기를 해 보시오.

이야기 속으로

01 잘못한 거야?

1 진희가 잘못한 점은 무엇인지 쓰시오.

_____

_____

2 정수의 입장이 되어서 진희에게 하고 싶은 말을 쓰시오.

_____

_____

3 정수와 같은 경험이 있나요? 어떤 경우인지 이야기해 보시오.

02 이야기를 만들어 보아요

1 주어진 이야기를 읽고, 친구들이 한 명씩 순서대로 이야기를 이어 써서 하나의 이야기를 만들어 보시오. 다섯 번째 친구가 이야기의 결말을 이야기합니다.

> 나는 진우가 키우는 강아지예요. 진우는 나를 무척 사랑하지요. 어느 날 현관문 안쪽에서 꾸벅꾸벅 졸고 있는데 진우의 발소리가 들렸어요. 학교에 갔다 오는 모양이에요. 나는 너무 반가워서 꼬리를 흔들며 달려나갔지요. 그런데……

1.

2.

3.

4.

5.

03 나도 주인공!

1 내가 아는 옛날이야기 중에서 가장 재미있는 것은 무엇입니까?

_____

2 1번의 이야기를 새로 만든다면 누구를 주인공으로 하고 싶습니까?

_____

3 이제부터 여러분은 2번에서 정한 주인공이 됩니다. 나를 주인공으로 새로운 이야기를 만들어 보시오.

_____
_____
_____
_____
_____
_____

03 인물을 찾아라!

1 옛날 이야기에 나오는 주인공들이 한 자리에 모였습니다. 그림을 보고 누구인지 이름을 쓰시오.

2 인물의 성격에 해당되는 이야기의 주인공을 찾아서 그 이유와 함께 쓰시오.

인물의 성격	내가 고른 주인공은?	고른 이유는?
가장 착하다고 생각한 인물은?		
가장 욕심이 많은 인물은?		
가장 변덕이 심한 인물은?		
가장 의지가 약한 인물은?		
가장 독립심이 강한 인물은?		
가장 예쁘다고 생각한 인물은?		
가장 좋아하는 인물은?		

내가 왜 그랬냐 하면

※ '가장 욕심이 많은 인물'의 입장이 되어 그렇게 행동하게 된 이유를, 사람들이 이해할 수 있도록 써 보시오.

300

400

500

| 첨삭지도 | |

신통방통 서술형 논술형

국어 술술 사회 술술 과학 술술

신통방통!

04 차근차근 하나씩

※ 다음 글을 읽고, 물음에 답하시오.

1 그림과 글을 잘 보고, ㉠과 ㉡의 뜻이 어떻게 다른지 쓰시오.

(1) ㉠ :

(2) ㉡ :

2 '손'이 ㉢과 같은 뜻으로 사용된 문장을 〈보기〉와 같이 만들어 보시오.

〈보기〉
농사 일은 손이 많이 간다.

※ 다음 글을 읽고, 물음에 답하시오.

1 우리 마을에서는 생태 체험 프로그램을 운영합니다. 맑은 공기와 깨끗한 자연 속에서 온 가족이 함께 재미있는 시간을 보내시기 바랍니다.

- 체험 기간 : 20○○년 10월 1일 ~ 11월 30일
- 장소 : 강원도 ○○생태체험장
- 교통편 : ○○버스터미널에서 전용 버스 운행
- 문의 : (033) ○○○○-1234

2
- 제품 이름 : 신형 드라이어
- 제품 특징
  - 머리카락을 상하지 않게 함.
  - 소음이 거의 없음.
  - 바람의 세기를 쉽게 조절할 수 있음
- 사용할 때의 주의 사항
  - 사용한 다음에는 전원 코드를 뽑아 주세요.
  - 물기가 많은 곳에서 사용하면 감전 위험이 있어요.

㉠

3 글 **1**에서 안내하고 있는 것은 무엇인지 쓰시오.

4 글 **2**의 제품을 사용할 때 안전을 위하여 주의할 점을 더 생각하여, ㉠에 들어갈 알맞은 말을 쓰시오.

※ 다음 글을 읽고, 물음에 답하시오.

전원 플러그를 콘센트에 꽂습니다. 전원 스위치를 켜고 세기를 조절하여 청소를 합니다.

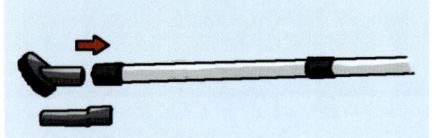

㉠_____에는 좁은 흡입구로 바꾸어 줍니다.

전선 감기 단추를 누르면 전선이 감깁니다. ㉡몸체를 세우고 흡입구의 튀어나온 부분을 홈에 끼워 보관합니다.

5 이 글과 그림은 무엇에 대하여 설명하고 있는지 쓰시오.

6 ㉠에 들어갈 알맞은 말을 쓰시오.

7 ㉡은 무엇에 대하여 설명하고 있는지 쓰시오.

05 주고받는 마음

※ 다음 글을 읽고, 물음에 답하시오.

승민이네 전화의 일기

○○월 ○○일 ○요일

　오후에 승민이가 현수와 축구를 하고 집에 늦게 와서 어머니께 꾸중을 들었다. 승민이는 저녁을 먹고 내일 준비물을 챙기려는데 알림장이 보이지 않는다며 찾으러 다녔다. 그런데 알림장을 못 찾아서 현수에게 물어보려고 전화를 하려고 하였다. 내가 시계를 보니 벌써 밤 열 시 반이 되어 있었다. 전화하기에는 늦은 시간이었다. 승민이는 현수 전화번호를 한번 생각하는 것 같더니 전화번호도 확인하지 않고 바로 번호를 눌렀다. 그런데 갑자기 어떤 할아버지께서 받으셨다. 현수네는 할아버지가 안 계시는데 나는 좀 이상하였다. '아이쿠!' 나는 전화를 잘못 걸었다는 생각이 들었다. 그런데 ㉠승민이는 당황해하며 얼른 전화를 끊어 버렸다.

1 승민이가 지키지 않은 전화 예절 세 가지를 쓰시오.

-
-
-

2 ㉠과 같은 승민이의 행동을 전화 예절에 알맞게 고쳐 보시오.

※ 다음 글을 읽고, 물음에 답하시오.

1 호진아, 네 생일에 나를 초대해 주어 고마워.
　　하지만, 네가 생일잔치를 하는 시간에 다른 친구랑 수영장에 가기로 했는데 어떻게 하지! ㉠생일잔치 시간을 바꾸어 봐. 네 생일을 진심으로 축하해.
　　　　　　　　　　　　　　　　　　　　　　　　　　　　　○○(이)가

2 친구야, 나 호진이야.
　　생일잔치 시간을 갑자기 바꾸기는 어렵지 않겠니? 난 이미 여러 친구와 그 시간에 생일잔치를 하기로 약속했어. ㉡네가 수영장 가는 시간을 바꿔. 수영장에 같이 가기로 한 친구에게 사정을 이야기해 봐. 그리고 너는 내 짝이니까 꼭 오면 좋겠어.
　　　　　　　　　　　　　　　　　　　　　　　　　　　　　호진이가

3 ㉠과 ㉡을 상대방이 기분 나쁘지 않게 바꾸려면 어떤 종류의 문장으로 바꾸는 것이 좋을까요?

_____

4 ㉠과 ㉡을 3번에 쓴 문장으로 바꾸어 쓰시오.

㉠	
㉡	

※ 다음 글을 읽고, 물음에 답하시오.

이튿날부터 엄마와 아빠는 정답게 이야기를 나누지 않았어요. 웃는 얼굴로 쳐다보지도 않았어요. 만약, 누나와 내가 싸워서 일주일 넘게 쳐다보지도 않고 말도 하지 않았다면, 누나와 나는 엄청 혼났을 거예요. 어쩌다 누나와 싸우면 엄마와 아빠는 누나에게 이렇게 말했어요.

"엄마와 아빠가 없으면 진경이 네가 엄마, 아빠처럼 진호를 보살펴야 해. 그런 네가 동생하고 싸울 수 있어? ㉠동생을 사랑하고 동생한테 양보해야지!"

그리고 나에게는 이렇게 말했어요.

"너보다 작아도 누나는 누나야! ㉡누나를 깔보고 대들면 안 돼! ㉢무슨 일이든 누나에게 먼저 양보해."

우리에게 그렇게 말한 엄마, 아빠가 서로 사랑하지도 않고 양보도 안 해요.

5 ㉠과 ㉢을 '권유하는 문장'으로 바꾸어 쓰시오.

| ㉠ | |
| ㉢ | |

6 ㉡을 '묻는 문장'으로 바꾸어 쓰시오.

06 서로의 생각을 나누어요

※ 다음 글을 읽고, 물음에 답하시오.

> 어느 옛날에 하인을 데리고 사냥을 나간 주인이 아기 사슴 한 마리를 사로 잡았습니다. 주인은 아기 사슴을 하인에게 주면서 이것을 수레에 태워 먼저 집으로 돌아가라고 일렀습니다. 하인이 아기 사슴을 수레에 태워 집으로 돌아오는데 어미 사슴이 따라오며 슬피 울었습니다. 말 못하는 짐승이지만 그 모습이 너무나 가여워서 하인은 어미 사슴에게 아기 사슴을 돌려주었습니다.
> 얼마 뒤, 사냥을 마치고 집으로 돌아온 주인은 하인을 불러 아기 사슴을 가져오라고 하였습니다. 그러자 하인은 어미 사슴이 계속 슬피 울며 따라오기에 불쌍해서 놓아주었다고 하였습니다. 이 말을 들은 주인은 크게 화를 냈습니다. 그리고 하인을 집에서 쫓아냈습니다.

1 하인과 주인은 각각 어떤 행동을 했는지 쓰시오.

(1) 하인	
(2) 주인	

2 '사슴 사냥'에 나온 인물의 행동에 대한 내 의견에 ○표 하고, 그렇게 생각하는 까닭을 쓰시오.

하인의 행동이 잘못되었다.	주인의 행동이 잘못되었다.

※ 다음 글을 읽고, 물음에 답하시오.

옛날에 온 동네에서 알아주는 구두쇠인 자린고비 영감이 살았습니다.

밥 한 숟가락을 입에 넣고는 반찬을 먹는 대신 천장에 매달린 굴비를 쳐다보았습니다.

짚신 닳는 것이 아까워 짚신을 허리에 차고 맨발로 걸어다녔습니다.

생선을 사는 척하면서 두 손에 생선 비린내를 잔뜩 묻혀 그 손을 씻은 물로 국을 끓였습니다.

3 자린고비 영감의 행동에 대해 어떻게 생각하는지 쓰시오.

4 자린고비 영감의 행동에 대한 내 생각이 드러나도록 독서 감상문을 쓰시오.

※ 다음 글을 읽고, 물음에 답하시오.

까마귀도 왕이 되고 싶어 날마다 숲 속을 돌아다니며 다른 새들이 떨어뜨린 깃털을 주워 모았습니다. 그러고는 그것을 몸의 여기저기에 꽂았습니다.
"참 신기하네. 빨강, 초록, 노랑, 보라의 깃털을 몸에 꽂으니까 정말 멋진데! 이 정도면 내가 왕이 될 거야."
약속한 날이 되어, 새들이 모두 산신령 앞에 모였습니다.
까마귀도 어깨를 으스대며 그곳에 참석하였습니다.
산신령이 새들을 살펴보다가 말하였습니다.
"오! 너는 처음 보는 아름다운 새로구나. 너를 새들의 왕으로 삼겠다."
그 말을 들은 다른 새들이 모두 놀라며 까마귀를 쳐다보았습니다.
"처음 보는 새인데, 넌 누구니?"
"난 까마귀야."
"뭐, 까마귀라고?"
새들이 까마귀를 둘러싸고 물었습니다.
그때, 공작이 까마귀의 깃털 중에서 자기 깃털을 발견하였습니다.
"어, 이건 내 깃털이잖아?"
"이건 내 건데……."
새들이 하나둘 자기의 깃털을 뽑아 갔습니다. 그러자 까마귀는 제 모습으로 돌아왔습니다.
"하하하, 남의 깃털을 자기 깃털인 척하다니."
다른 새들이 모두 까마귀를 비웃었습니다.

5 까마귀의 행동에 대해 어떻게 생각하는지 의견과 까닭을 쓰시오.

(1) 의견

나는 까마귀가 _____ 생각한다.

(2) 그렇게 생각한 까닭

왜냐하면 _____
_____ 때문이다.

03 다양한 삶의 모습

① 우리들의 살아가는 모습

1 (가)와 (나)를 통해 알 수 있는 사실 두 가지를 쓰시오.

(가)

한국

음식을 먹을 때 숟가락과 젓가락을 사용하고 웃어른이 수저를 든 다음에 음식을 먹습니다.

일본

음식을 먹을 때 젓가락을 사용하고, 밥그릇을 왼손으로 들고 먹습니다.

미국

고기를 즐겨 먹기 때문에 포크와 나이프를 주로 사용합니다.

인도

손을 깨끗이 씻은 다음 오른손으로만 음식을 먹습니다.

(나) 힌두교를 믿는 사람들은 소를 신성하게 생각하기 때문에 쇠고기를 먹지 않아요. 이슬람교를 믿는 사람들은 돼지고기를 먹지 않아요. 이슬람교의 가르침이 담긴 '쿠란'에서 금지하고 있기 때문이지요.

- _____
- _____

2 영국 어린이와 중국 어린이가 용에 대해 어떻게 생각하는지 살펴보고, '나'는 용에 대해 어떻게 생각하는지 쓰시오.

> 영국 어린이 : 나는 용이 싫어. 무시무시한 날개가 달리고 불을 내뿜는 용은 사악하고 인간을 괴롭히는 나쁜 괴물이야.
>
> 중국 어린이 : 나는 용이 아주 신비하고 신성한 동물이라고 생각해. 용은 날개가 없이도 하늘을 날며 비바람을 불러 일으키는 신비한 능력을 지닌 동물이야.

▲ 서양의 용

▲ 동양의 용

---

3 다음 글을 통해 알 수 있는 문화의 특징은 무엇입니까?

한국에서는 까마귀를 좋지 않은 새라고 생각하고 싫어하지만 일본에서는 복을 가져다 주는 새라고 생각하며 좋아한다.

2 변화하는 전통 의례

4 옛날과 오늘날의 돌잔치 모습이 변한 까닭을 한 가지만 쓰시오.

구분	옛날	오늘날
장소	집	큰 음식점
모이는 사람	가족, 친척, 동네 사람들	가족, 친척, 학교 친구, 직장 동료 등
돌잡이 물건	붓, 책, 실타래, 돈, 활 등	마이크, 골프공, 마우스, 칫솔, 청진기 등
준비하는 것	백설기와 수수경단	케이크, 축하 플래카드, 사진 등

_____

_____

5 다음 두 마을의 제사 치르는 모습이 서로 다른 까닭을 쓰시오.

산신제
산신에게 마을의 풍요와 마을 사람들의 건강을 기원하는 제사를 산에서 지냄.

풍어제
어부들이 무사히 고기를 많이 잡고, 마을이 평안하기를 기원하며 바닷가에서 제사를 지냄.

_____

_____

3 세계 여러 나라의 명절과 기념일

6 우리나라 대표적인 명절들의 특징을 두 가지만 쓰시오.

구분	설	정월 대보름	단오	추석
날짜	1월 1일(음력)	1월 15일(음력)	5월 5일경	8월 15일(음력)
하는 일	차례, 세배, 복조리 걸기 등	부럼 깨기, 더위 팔기 등	창포물에 머리 감기	차례, 성묘
음식	떡국	오곡밥, 부럼	수리취떡, 제호탕	송편
놀이	윷놀이, 연날리기 등	차전놀이, 쥐불놀이, 지신밟기 등	그네뛰기, 씨름	기마싸움, 강강술래 등
의미	새해맞이	풍년이 들기를 기원함	풍년을 기원함	수확과 조상에 대한 감사

· _____

· _____

7 다음 글을 읽고, 우리나라와 세계 여러 나라 명절의 비슷한 점과 다른 점을 쓰시오.

　우리나라의 추석은 음력 8월 15일이고 수확과 조상에 대해 감사한다는 의미가 담겨 있다. 그리고 추석에는 가족이 모여 송편을 빚고 차례를 지내고 성묘를 간다. 우리나라의 추석과 같은 중국의 중추절은 음력 8월 15일로 가족끼리 안녕을 기원하며 풍년을 감사한다. 그리고 가족이 모여 월병을 먹으며 화목한 시간을 보낸다. 미국에는 추수감사절이 있는데, 11월 마지막 주이며 수확에 대한 감사와 가족의 화목을 기원한다. 이날에는 고향을 방문해 가족들과 함께 칠면조 요리와 호박 파이를 먹으며 화목한 시간을 보낸다.

비슷한점	다른점

4 서로 배우고 존중하는 문화

8 다음 글을 읽고, 문화적 편견을 없애는 방법을 한 가지만 쓰시오.

> 문화적 편견이란 문화를 접할 때 어떤 문화는 좋고 어떤 문화는 나쁘다고 한쪽으로 치우친 생각을 하는 것을 말합니다. 예를 들면 숟가락과 젓가락을 사용하는 나라 사람들이 손으로 음식을 먹는 나라의 사람들을 이상한 눈으로 보고, 깨끗하지 않다고 생각하는 것이 바로 음식 문화에서 찾아볼 수 있는 문화적 편견입니다. 하지만 손으로 음식을 먹는 사람들은 음식을 먹기 전에 반드시 손을 깨끗하게 씻고, 음식을 먹을 때에는 오른손만 사용하기 때문에 전혀 더럽지 않습니다.

9 다음과 같이 나라마다 신는 신발의 모양이 다른 까닭은 무엇인지 쓰시오.

> 날씨가 더운 아프리카 사람들은 더운 날씨에 어울리는 샌들을 신습니다. 미국의 인디언들은 추운 겨울 날씨를 견디기에 좋은 가죽 모카신을 신고 모로코 사람들은 사막에서 활동하기 편한 바브슈를 신습니다.

▲ 바브슈   ▲ 모카신

03 혼합물의 분리

① 생활 속의 혼합물

1 다음과 같은 물질들을 '혼합물'이라고 할 수 있는 까닭을 쓰시오.

▲ 오곡밥　　　▲ 멸치 볶음　　　▲ 미숫가루 물

_____

_____

2 다음 재료들을 섞어 과일 샐러드를 만들면 과일 샐러드를 만들기 전과 후의 과일의 색깔이나 맛의 성질이 어떻게 되는지 쓰시오.

바나나, 딸기, 파인애플, 귤

▲ 과일 샐러드

_____

_____

❷ 혼합물을 분리하는 여러 가지 방법

3 크기가 다른 고체 알갱이가 섞인 혼합물을 분리할 때 다음과 같은 체를 사용하면 편리한 까닭은 무엇인지 쓰시오.

_____

_____

4 다음과 같은 염전에서 어떤 과정을 거쳐 소금이 만들어지는지 쓰시오.

_____

_____

5 다음과 같이 철가루와 모래가 섞여 있는 혼합물에서 철가루를 분리해 내는 방법을 한 가지 쓰시오.

_____

_____

04 빛과 그림자

1 빛 알아보기

1 다음 물체들의 공통점을 쓰시오.

▲ 태양   ▲ 용암   ▲ 백열등

---

2 다음과 같은 편지 봉투에서 투명 셀로판지는 어떤 역할을 하는지 쓰시오.

책 속의 책

GUIDE & 논술 한 송이

갈래야 놀자 3-4단계

※ 들어가기 전에 – 이 책은 다양한 개성적인 반응과 답변을 유도하는 데 목적이 있으므로, 단 하나의 유일한 정답이 없는 문항들도 많습니다. 그러므로 〈정답의 방향〉을 가늠하는 참고 자료로 활용해 주시기 바랍니다.

week 01
발상사고혁명
생각은 힘이 세다
05 쪽

도비라

미로 속으로 들어가지 않고 밖으로 해서 바로 간다.

G·U·I·D·E 문제가 이렇게 주어지면 대부분의 아이들이 미로를 어떻게 빠져 나올까를 고민하게 됩니다. 그렇지만 문제 어디에도 미로를 통과하라는 말은 없습니다. 이렇듯 문제에서 한 발짝 떨어져서 넓게 보고, 독창적인 생각을 해 낼 수 있는 능력을 키워 가도록 합니다.

상대적 사고를 하자
01 점점 차올라 빛이 나는 그것은?

G·U·I·D·E 고대 신화 속에 나오는 스핑크스는 사자의 몸과 인간의 머리를 가진 괴물입니다. 스핑크스는 지나가는 사람들에게 "아침에는 네 다리로, 낮에는 두 다리로, 밤에는 세 다리로 걷는 짐승은?"이라는 질문을 던지고 답하지 못하면 그 자리에서 잡아먹어 버렸다는 신화가 전해집니다. 스핑크스가 낸 문제의 정답은 '사람'입니다. 사람은 아기 때는 기어다니기 때문에 네 발이고, 성장하여서는 두 발로 걷고, 늙어서는 지팡이를 짚고 걷기 때문에 세 다리로 걷는 것입니다. 이에 착안하여 스핑크스가 낸 가상 문제로 아침에는 거미줄, 점심에는 벌집, 저녁에는 달과 같이 충만한 것이 무엇이냐는 질문을 던져 보았습니다. 정답은 '생각'입니다. 우리의 생각은 어릴 때는 견고하지는 않지만 거미줄처럼 이 생각 저 생각을 연결합니다. 그리고 그 생각들이 점점 단단해지고 견고해지면서 노인이 되었을 때에는 세상을 지혜롭게 바라볼 수 있는 빛을 발하게 됩니다.

1 • 거미줄 : 연약하지만 여기 저기 연결되어 있다.
  • 벌집 : 튼튼하다.
  • 달 : 빛을 낸다.

2 생각

02 의자는 의자일뿐이고, 이쑤시개는 이쑤시개일뿐일까?

1 ❶ 의자에 그림 그리기
  ❷ 화분 놓기
  ❸ 기차 놀이하기
  ❹ 옷 걸기
  ❺ 운동하기

G·U·I·D·E 한 가지 물건이 한 가지 쓰임만 있는 것은 아닙니다. 옛 어른들이 숟가락을 밥 먹는 용도로 쓰기도 하였지만 문을 잠그는 자물쇠로도 사용하신 것처럼 의자도 앉아 쉴 때만 사용하는 것이 아니라 다양한 용도로 사용

할 수 있고, 이쑤시개도 이에 낀 이물질을 뺄 때만 사용하는 것이 아니라 다양한 용도로 사용할 수 있음을 생각하게 합니다.

2 ① 휴대 전화기 사이에 낀 때 벗기기
　② 탑 쌓기
　③ 꼬치 만들기
　④ 색 입혀 집 만들기
　⑤ 손톱 때 빼기

03 부채는 왜 팔용선일까?

1 여덟 가지 쓰임이 있기 때문에
G·U·I·D·E 부채는 원래 손에 쥐고 흔들어서 바람을 일으켜 더위를 더는 데 쓰는 물건입니다. 그러나 부채는 그 본래의 쓰임 이외에도 다양하게 활용되었습니다. 부채뿐만 아니라 보자기, 노리개, 옷고름 등도 한 가지 이상의 용도로 사용되고 있습니다. 이것을 통해 우리 조상들의 지혜의 깊이를 느낄 수 있습니다.

2 그림을 그릴 수 있다.

3 • 보자기 : 장식용으로 쓰인다.
　• 노리개 : 향을 담아 향을 뿜는 용도로 쓰인다.
　• 옷고름 : 눈물을 닦는 용도로 쓰인다. / 콧물을 닦는 용도로 쓰인다.
G·U·I·D·E 보자기는 주로 물건을 싸거나 덮는 용도로 사용되었지만 그 모양이 아름다워 장식용으로도 쓰일 수 있습니다. 장식용인 노리개는 향을 담을 수 있는 조그만 상자가 달려 있어 실용성까지 가졌습니다. 그리고 한복의 옷고름은 옷의 아름다움을 더해 주면서 눈물을 닦는 용도로도 쓰여 장식성과 실용성을 갖추었다고 할 수 있습니다.

4 • 종이컵, 그림을 그리고 싶다.
　• 음료수병, 연필꽂이를 만들고 싶다.
　• 사전, 목침으로 사용하고 싶다.

04 와이퍼는 어떻게 세상에 나왔을까?

1 비를 닦아 주는 장치가 있으면 좋겠다.

2 와이퍼는 빗물이나 눈을 쓸어 내고, 빗자루는 쓰레기를 쓸어 낸다. 둘 다 무언가를 쓸어 낸다는 공통점이 있다.

05 지우개 달린 연필은 어떻게 만들어졌을까?

1 머리 위에 고정된 모자를 보고

2 삐삐 주전자, 걸레가 달린 청소기
G·U·I·D·E 우리가 생활 속에서 쓰는 많은 물건들은 아주 작은 아이디에서 출발하여 발명된 것들이 많이 있습니다. 주전자에 소리를 더해 만들어진 삐삐 주전자, 이쑤시개를 꺼낼 때마다 뚜껑을 여는 것의 불편함을 해결하고 싶다는 생각이 만든 구멍에 뚫린 작은 구멍, 전기 청소기에 걸레를 더해 만들어진 청소기, 삶는 기능을 더한 세탁기 등 다양합니다.

06 코카콜라 병은 어떻게 디자인 되었을까?

1 여자 친구의 주름치마

내 눈으로 보는 교과서
01 이야기의 내용 간추리기

1 ⑤
G·U·I·D·E '이상'은 동음이의어입니다. 동음이의어는 소리는 같으나 뜻이 전혀 다르게 쓰이는 낱말로서, 낱말이 가진 여러 가지 뜻이 서로 관련이 없습니다.

2 ⑤
G·U·I·D·E '손'은 소리가 같은 한 낱말이 여러 가지 뜻으로 사용되는 낱말입니다. 다의어는 여러 가지 뜻이 서로 관련이 되어 있습니다. 사전에 동음이의어는 낱말마다 큰 번호를 매겨 따로 적혀 있지만, 다의어는 하나의 낱말에 작은 번호를 매겨 그 뜻을 설명하는 것도 서로 뜻이 서로 관련이 있기 때문입니다.

3 ④

열린교과서
G·U·I·D·E '깎다.'는 다의어입니다. 이 글에서 과일 장수 아저씨와 오빠는 '값이나 금액을 낮추어서 줄이다.'는 뜻으로 말하였고, 동생은 '깎다.'를 '칼 따위로 물건의 가죽이나 표면을 얇게 벗겨 내다.'는 뜻으로 알아들어서 재미있는 상황이 연출되었습니다.

1 ㉠ : (③), ㉡ : (④)

2 (1) 다의어 : 다리
(2) 쓰인 예 : 사람이나 동물의 몸통 아래 붙어 있는 신체의 부분, 한편의 높은 곳에서 다른 편의 높은 곳으로 건너 다닐 수 있도록 만든 시설물.

02 일의 방법을 파악하라

1 체조하는 방법
G·U·I·D·E 이 글은 아침저녁으로 집에서 간단하게 할 수 있는 체조를 하는 방법을 그림과 함께 알려 주는 글입니다.

2 ㉠→㉣→㉢→㉡

3 다리를 가슴 쪽으로 잡아당길 때
G·U·I·D·E '이때'는 바로 앞에서 이야기한 시간상의 어떤 점이나 부분을 나타내는 것이므로 '다리를 가슴 쪽으로 잡아당길 때'를 말합니다.

4 • 몸이 부드러워지며 긴장이 풀린다.
• 키가 자라는 데 도움이 된다.

03 청소기 사용법을 파악하라

1 설명서
G·U·I·D·E 설명서는 어떤 일을 하는 차례나 방법, 내용 등을 알기 쉽게 설명해 주는 글입니다. 승윤이의 아버지는 청소기 사용 설명서를 읽으면서 청

소기를 조립하였습니다.

2 ④

G·U·I·D·E 승윤이의 아버지께서는 청소기를 사용하기 전에 설명서에서 안전을 위하여 주의할 점을 읽어 보아야 한다고 말씀하셨습니다.

3 화재나 감전, 고장의 원인이 되기 때문에

4 ③

5 전원 플러그를 콘센트에 꽂기

6 ⑤

G·U·I·D·E 넓은 흡입구를 좁은 흡입구로 바꾸는 까닭은 좁은 틈에 있는 먼지를 빨아들이기 위해서입니다.

7 ㉢

G·U·I·D·E 전선을 감고 몸체를 세우고 흡입구의 튀어나온 부분을 홈에 끼우는 것은 청소기를 보관할 때 하는 과정입니다. 따라서 ㉢이 '청소기를 보관하는 방법'에 대한 설명입니다.

8 먼지 통 손잡이를 잡고 먼지 통 빼내기
→ 먼지 통 뚜껑을 열고 먼지 버리기

뛰어넘자 교과서
말 못 할 양반

말, 마르다, 쓰다.

week 03
독서 클리닉
파랑새는 어디에 있는 걸까
23쪽

도비라
은메달리스트

G·U·I·D·E 미국에서 역대 올림픽 메달리스트의 행복 지수를 조사했더니 금메달리스트가 가장 높았고, 동메달리스트가 그 다음이었으며, 은메달리스트가 가장 낮았습니다. 그 이유는 비교 기준이 달랐기 때문입니다. 은메달리스트는 금메달을 딴 사람이 비교 대상이고 동메달리스트는 메달을 따지 못한 4위가 기준이기 때문입니다. 이를 통해 알 수 있는 사실은 '비교가 행복과 불행을 가른다.'는 것입니다.

생각하며 읽어요
01 요술 할머니를 만난 치르치르와 미치르

1 병이 난 손녀를 위해

2 • 빵 요정 : 안녕, 난 보들보들 향긋한 빵 요정이야.
 • 물방울 요정 : 안녕, 난 방울방울 또르르 귀염둥이 물방울 요정이야.
 • 치로 : 월월, 난 영리하고 충성스러운

개 치로야.
- **치레트** : 야옹야옹, 난 새침 떼기 고양이 치레트야.

G·U·I·D·E 빵 요정, 물방울 요정, 치로, 치레트의 특징이 드러나도록 자기소개를 합니다.

02 추억의 나라로 간 치르치르와 미치르

G·U·I·D·E 세상을 떠나 볼 수 없는 사람들을 만나 볼 수 있는 나라라는 것을 알게 합니다.

1 추억의 나라는 돌아가신 분들이 모여서 살고 있어서 그곳에 가면 돌아가셔서 만날 수 없는 분들을 만날 수 있는 곳이다.

2 누군가 할머니, 할아버지를 생각해 주면 깨어날 수 있다.

3 세종 대왕, 모차르트, 가우디

G·U·I·D·E '추억의 나라'는 세상을 떠난 사람들을 만날 수 있는 나라입니다. 그러므로 세상을 떠나서 만나 볼 수 없는 우리의 가족이나 친척, 훌륭한 일을 하셨던 위인, 좋은 작품을 남긴 예술가 등 다양한 사람을 떠올리게 합니다.

4 시커멓게 변했다.

03 밤의 여왕을 만난 치르치르와 미치르

1
- **첫 번째 방** : 덜덜 떨렸다.
- **두 번째 방** : 두려워서 숨고 싶었다.
- **마지막 방** : 행복했다.

G·U·I·D·E 유령, 전쟁, 파랑새가 쏟아져 나왔을 때 어떤 느낌일지 생생하게 떠올리게 합니다.

2 귀신, 시험, 거짓말, 도둑

G·U·I·D·E 치르치르와 미치르가 유령과 전쟁이 쏟아져 나왔을 때 온 힘을 다해 무섭고 두려운 것들을 붙잡아 가두고 문을 잠근 것처럼 우리도 붙잡아 가두고 싶을 만큼 두려움을 느끼는 것이 있습니다. 그것이 무엇인지 자유롭게 이야기합니다.

04 집으로 돌아간 치르치르와 미치르

G·U·I·D·E 행복은 멀리서 찾을 수 있는 것이 아니고, 우리 주변에 있다는 것을 알고, 행복을 찾기 위해 최선을 다하는 자세, 행복을 가두어 두려고 하기보다 행복을 느끼려고 하는 자세의 필요성에 대해 생각해 봅니다.

1 행복을 가두려고 하면 안 된다.

2 가까이에 있는 걸 못 보고 헤맸네.

G·U·I·D·E 치르치르와 미치르가 오랜 여행 끝에서야 파랑새는 자신의 집에 있었다는 것을 깨달은 것처럼 우리도 우리 주변에서 발견할 수 있는 행복을 잊고 지낼 때가 많습니다. 작은 것에 감사하며, 소중히 여긴다면 행복은 그리 멀리 있는 것이 아니라는 것을 알 수 있습니다.

독서 클리닉 Plus
나는 행복한 사람

1 지루할 것이다. / 불행할 것이다.

G·U·I·D·E 언제나 상황이 문제가 아니라 그 상황을 대하는 사람의 태도에

의해 행복할 수도 있고, 불행할 수도 있다는 것을 알게 합니다.

2 음악을 틀어놓고 춤을 추었다.

3 자신의 처지를 비관하지 않고 그 곳에서 찾을 수 있는 좋은 점을 찾아 열심히, 그리고 즐겁게 일했기 때문이다.

4 즐겁게 일하는 직원이 더 보람을 느낄 것이다. 같은 일을 하더라도 마지못해 하면 일의 능률도 오르지 않고 일을 하는 자신도 지겹기만 할 것이다. 그러나 즐거운 마음으로 일을 하면 보람도 더 느끼고 일의 능률도 오를 것이다.

다. 그런데 승민이는 밤 열 시가 지나서 현수네 집으로 전화를 걸었습니다. 그리고 전화를 걸기 전에는 전화 번호를 확인하고 해야 하는데, 번호를 확인하지 않고 걸었습니다. 그뿐만 아니라 전화를 잘못 걸고 나서 사과도 하지 않고 끊었습니다. 그것은 전화 예절에 어긋나는 행동입니다.

3 (1) – ㉡, (2) – ㉣, (3) – ㉢, (4) – ㉠

열린교과서

1 • 휴대 전화를 사용할 때 지킬 예절 : 걸어다닐 때에는 통화하지 않는다. / 수업 시간이나 공연 관람 중에는 휴대 전화를 꺼 놓는다.
• 공중전화를 사용할 때 지킬 예절 : 짧게 통화 한다. / 너무 큰 소리로 통화하지 않는다.

G·U·I·D·E 휴대 전화는 길을 걸으면서 통화하지 말아야 하고, 수업 시간이나 영화를 볼 때에는 휴대 전화를 꺼두어야 합니다. 그리고 공공장소에서는 벨소리 대신 진동으로 울리게 하고 큰 소리로 전화를 받지 않습니다. 공중전화를 사용할 때에는 작은 목소리로 간단하게 통화를 합니다. 만약 통화가 길어질 때에는 뒷사람에게 양해를 구하고 끊고 나올 때에는 미안하다고 인사를 합니다.

week 04
교과서 논술 02
마음을 주고받아요
33쪽

내 눈으로 보는 교과서
01 전화 예절 배우기

1 ④

2 ㉢, ㉤

G·U·I·D·E 밤늦게나 이른 시간에는 되도록 전화를 하지 않는 것이 좋습니

02 문장의 종류 구분하기

1 (1) ㉠ – ①, (2) ㉡ – ②

G·U·I·D·E ㉠은 무엇에 대하여 물어 볼 때 쓰이는 '묻는 문장'입니다. 묻는 문장은 문장의 끝 말이 '-냐, -까,

-니'로 끝나고 문장의 끝에 물음표(?)를 꼭 붙입니다. ⓒ은 느낌이나 기분을 표현할 때 쓰이는 '감탄을 나타내는 문장'입니다. 감탄을 나타내는 문장에는 느낌표(!)를 붙입니다.

2 (1) **문장의 종류** : 묻는 문장
   (2) **누나가 했을 말** : 진짜 오늘이 엄마 생신이에요?
   G·U·I·D·E 앞뒤의 내용을 잘 살펴보면 누나가 묻는 문장으로 오늘이 엄마의 생일인지를 확인한다는 것을 알 수 있습니다.

3 ③

4 가짜 꽃
   G·U·I·D·E 조화는 종이, 천, 비닐 따위를 재료로 하여 인공적으로 만든 가짜 꽃입니다.

5 아빠, 엄마한테 선물로 줄 반지를 그림으로 그릴까요?
   G·U·I·D·E 묻는 문장으로 바꿀 때에는 문장의 끝을 '나?, -까?, 니?'로 바꾸고, 문장의 끝에 문장부호 물음표(?)를 꼭 붙여야 합니다.

6 엄마, 아빠가 깨실까 봐

7 두더지놀이 하자.
   G·U·I·D·E 묻는 문장을 '무엇을 같이 하자고 권할 때' 쓰이는 '권유하는 문장'으로 바꿀 때에는 문장의 끝말을 '-(하)자.'로 바꿉니다.

8 ②
   G·U·I·D·E 느낌이나 기분을 표현할 때 쓰는 감탄을 나타내는 문장에는 느낌표(!)를 붙입니다.

9 ㉠은 억지로 시키는 느낌이 들어서 마음이 상할 것 같은데, ㉡은 '나'의 의사를 묻고 있어서 마음이 안 상할 것 같다.
   G·U·I·D·E 시키는 문장을 쓰면 명령을 받는 듯한 느낌이 들어 불쾌하지만 시키는 문장을 묻는 문장이나 권유하는 문장으로 바꿔 말하면 듣는 사람이 불쾌하지 않게 받아들일 수 있습니다.

10 ①

뛰어넘자 교과서
흥부와 놀부는 어떤 문장으로 말할까?

1 쌀 좀 주실 수 있나요?
   G·U·I·D·E 문장의 끝이 '-나?, -까?, -니?, -요?'로 되어 있고, 문장부호 물음표가 붙어 있는 문장을 찾습니다.

2 냉장 꺼지 거라.
   G·U·I·D·E 시키는 문장은 어떤 일을 명령할 때 쓰는 문장입니다.

week 05
영재 클리닉 01
24절기 풍습에는 이유가 있다
43쪽

도비라

자기가 알고 있는 절기의 수를 말해 봅니다.

G·U·I·D·E 절기는 태양의 움직임을 따라 계절의 변화를 나타낸 것입니다. 옛 중국 사람들은 천문학 지식을 동원, 지구의 태양 공전 주기, 즉 태양이 움직이는 길인 황도를 동쪽으로 15°간격으로 24개로 나누었습니다. 그리고 기후를 나타내는 용어를 하나씩 붙였는데, 이것이 절기입니다. 즉, 24절기는 태양이 각 점을 지나는 시기를 말합니다. 봄 절기는 입춘(2월4~5일), 우수(2월19~20일), 경칩(3월5~6일), 춘분(3월21~22), 청명(4월5~6), 곡우(4월20~21)가 있고, 여름 절기는 입하(5월6~7), 소만(5월21~22), 망종(6월6~7), 하지(6월21~22), 소서(7월7~8), 대서(7월23~24)가 있으며, 가을 절기로는 입추(8월8~9), 처서(8월23~24), 백로(9월8~9), 추분(9월23~24), 한로(10월8~9), 상강(10월23~24)이 있고, 겨울 절기는 입동(11월7~8), 소설(11월22~23), 대설(12월7~8), 동지(12월22~23), 소한(1월6~7), 대한(1월20~21)이 있습니다.

교과서 탐구
다양한 삶 다양한 문화

1 (1) – ㉢, (2) – ㉡, (3) – ㉠
G·U·I·D·E 한 사회나 집단, 사람마다 가지고 있는 독특한 삶의 방식을 문화라고 합니다. 문화의 기능은 사람들의 생각과 행동, 느낌, 취향, 정서 등에 많은 영향을 주는 기능을 하고, 옷, 음식, 노래, 춤, 놀이, 글, 그림, 종교 등으로 표현되는 것이 문화입니다. 문화는 사회 구성원들로부터 배우고 전달받은 모든 것 의식주, 언어, 풍습, 종교, 학문, 예술, 제도 등을 포함합니다.

2 문화가 다르기 때문이다.
G·U·I·D·E 문화에 따라 서로의 생각과 행동이 달라질 수 있습니다. 나라마다 문화가 다르기 때문에 다양한 인사법이 있는 것입니다.

3 문화가 다르기 때문이다.
G·U·I·D·E 문화는 자연환경이나 역사와 전통, 그 사회 속에서 살아가는 사람들의 모습에 따라 달라집니다.

4 • 숟가락과 젓가락을 사용한다.
• 웃어른이 수저를 든 다음에 음식을 먹는다.
G·U·I·D·E 우리나라의 식생활 문화의 공통점 두 가지를 모두 바르게 제시하였으면 정답입니다.

5 고기를 즐겨 먹기 때문에
G·U·I·D·E 미국은 고기를 즐겨 먹기 때문에 포크와 나이프를 주로 사용합니다.

6 왼손은 용변을 본 뒤에 사용하기 때문이다.

G·U·I·D·E 인도, 네팔과 일부 중동 지방에서 오른손은 밥 먹는 손, 왼손은 용변 후에 밑을 닦는 손입니다.

7 남자는 상투를 틀어 관을 씌우고 여자는 쪽을 쪄 비녀를 꽂았다.
G·U·I·D·E 민속은 보통 사람들 사이에 이어져 내려오는 풍속으로 습관, 신앙, 전설, 기술, 문화 등을 말합니다. 우리나라에는 '관혼상제'라는 네 가지 가정의 행사가 있습니다. 관은 열다섯 살이 되면 남자는 상투를 틀어 관을 씌우고 여자는 쪽을 쪄 비녀를 꽂아 어른이 되었음을 인정해 주는 의식입니다.

8 결혼, 사모관대, 족두리, 예식장
G·U·I·D·E '혼'은 혼례, 즉 결혼식을 말하는 것으로 옛날에는 신랑은 사모관대를 입고, 신부는 원삼을 입고 족두리를 썼습니다. 하지만 요즈음에는 이런 전통 혼례를 하는 사람들은 거의 없고 대부분 서양식 복장을 하고 예식장에서 결혼을 합니다.

9 조상께서 돌아가신 날과 명절에 음식을 차려 놓고 지내는 의식이다.

10 음식과 놀이가 다름. / 하는 일이 다름. / 의미가 다름.
G·U·I·D·E 명절은 한 국가나 민족이 자연적, 계절적, 민속적, 역사적 특징에 따라 의미를 부여해 큰 행사를 하거나 제사를 지내는 날을 말합니다. 명절은 나라에 따라 명절을 지내는 시기, 먹는 음식과 즐기는 놀이가 조금씩 따릅니다.

11 추석
G·U·I·D·E 중국의 중추절과 미국의 추수 감사절, 일본의 오봉절과 러시아의 성 드미트리 토요일은 수확과 조상에 대한 감사의 의미가 담겨 있는 날로, 우리나라의 추석과 같은 세계 여러 나라의 명절입니다.

Step by Step
01 봄이 시작되는 첫날, 입춘

1 2월 4일 경
G·U·I·D·E 24절기의 하나로 대한과 우수 사이에 들며 이때부터 봄이 시작된다고 합니다. 양력으로는 2월 4일경입니다.

2 행복이 찾아오기를 바라고, 경사스러운 일이 생기기를 바라는 마음에서 입춘서를 붙인 것이다.
G·U·I·D·E '입춘서'는 입춘에 벽이나 문짝에 써 붙이는 글입니다. 입춘서를 쓰는 까닭은 행복이 찾아오기를 바라고, 경사스러운 일이 생기기를 바라는 마음에서 쓰는 것입니다.

3 봄처럼 따뜻하고 행복한 일이 많이 일어나기를
G·U·I·D·E 봄을 맞는 자신의 마음이나 봄을 맞으며 바라는 바를 입춘서에 써 봅니다.

02 수레바퀴 모양의 수리취떡 먹는 단오

1 • 여자 : 그네뛰기
  • 남자 : 씨름

2 둥근 수레바퀴처럼 농사일도 잘 굴러가라는 뜻으로 먹는 것이다.
G·U·I·D·E 단옷날에는 둥근 수레바퀴처럼 농사일도 잘 굴러가라는 뜻으로 수리취떡을 먹었습니다.

03 기우제를 지내는 하지

1 비가 오지 않으면 농작물이 몽땅 말라 버리기 때문에 / 비가 오지 않으면 농작물이 자라지 않기 때문에

G·U·I·D·E 하지는 망종과 소서 사이에 있는 절기로 양력으로 6월 21일경입니다. 북반구에서는 낮이 가장 긴 날입니다. 옛날에는 대부분의 사람들이 농사를 짓고 살았고 농사 짓는 사람들에게 가장 중요한 것은 물이었습니다. 물이 없으면 농사를 지을 수 없기 때문입니다. 그래서 모내기를 끝낸 무렵인 '하지' 때 비가 오지 않으면 기우제를 지냈습니다.

2 비가 안 오면 벼가 말라 비틀어져서 죽어 버릴 것입니다. 벼는 저희들의 생명줄과 같습니다. 앞으로는 착한 마음으로 살아갈 테니 제발 비를 내려 벼가 잘 자랄 수 있게 해 주십시오.

04 단풍놀이 하기 좋은 한로

1 단풍 놀이

2 가을이 되면 하늘이 높고 푸르며 먹을 거리가 풍부한 때이기 때문이다.

G·U·I·D·E 하늘이 높고 말이 살찐다는 뜻으로, 하늘이 맑아 높푸르게 보이고 온갖 곡식이 익는 가을철을 이르는 말입니다.

05 빨간 팥죽 먹는 동짓날

1 태양이 죽음으로부터 부활하는 날

G·U·I·D·E 동지는 일 년 중 밤이 가장 길고, 낮이 가장 짧은 날이며 일 년을 마감하는 날이자 새로운 한 해가 시작되는 날입니다. 옛날 사람들은 이날을 태양이 죽음으로부터 부활하는 날로 여겼습니다.

2 귀신을 쫓는다는 의미

G·U·I·D·E '작은 설'이라고 하는 동지에는 잡귀를 쫓아 집 안을 깨끗하게 하고 자 붉은 색 팥죽을 쑤어 먹었습니다.

3 • 상강에 먹으면 좋을 음식 : 생강차
• 그 까닭 : 시기적으로 겨울이 올 때이므로 감기에 걸리지 않도록 생강차를 먹는 것이 좋을 것이다.

week 06
교과서 논술 03
의견과 까닭을 알아보아요
53쪽

내 눈으로 보는 교과서
01 왜 그런 행동을 했을까?

1 ③

G·U·I·D·E 마사는 남자의 손가락에 묻은 물감을 보고 그가 화가라고 생각하였습니다.

2 결과 : 손님의 설계도를 망침

G·U·I·D·E 마사의 빵집에 들러서 묵은 식빵을 사 가곤 하는 남자 손님이 있었습니다. 마사는 매번 묵은 식빵을 사가는 남자가 걱정되어 묵은 식빵에 버터를 듬뿍 넣었습니다. 마사가 넣은 버터 때문에 남자 손님의 설계도가 망쳤습니다.

3 (1) 내 의견 : 마사가 손님의 빵에 버터를 몰래 넣은 것은 잘한 일이다. / 마사가 손님의 빵에 버터를 몰래 넣은 것은 잘한 일이 아니다.
 (2) 그 까닭 : 손님을 도우려고 하는 마음에서 한 행동이기 때문이다. / 남에게 피해를 줄 수도 있는 신중하지 못한 행동이었기 때문이다.

G·U·I·D·E 마사 또는 남자 손님의 마음을 이해하면서 자신의 의견을 설득력 있는 까닭을 들어 썼으면 정답입니다.

02 왜 사람마다 생각이 다를까?

1 (2), (3)
G·U·I·D·E 자린고비 영감은 굴비를 먹지 않고 쳐다만 보았고, 짚신을 허리에 차고 다녔으며 생선 비린내를 묻혀 그 손을 씻은 물로 국을 끓이는 행동을 했습니다.

2

	현주	정우
의견	자린고비 영감의 돈을 아끼는 태도를 본받자	자린고비 영감의 행동은 잘못이다.
까닭	요즈음 물건을 낭비하는 사람이 많아서	다른 사람이 피해를 보기 때문에

G·U·I·D·E 현주는 자린고비 영감을 본받자는 의견을 제시했고, 정우는 자린고비 영감의 행동은 옳지 않다는 의견을 제시했습니다. 현주가 그런 의견을 낸 까닭은 요즈음에는 물건을 낭비하는 사람이 많기 때문에 자린고비의 절약 정신을 본받으면 좋을 거라고 생각했기 때문입니다. 그리고 정우가 그런 의견을 낸 까닭은 자린고비의 행동이 다른 사람에게 피해를 준다고 생각했기 때문입니다.

열린교과서

1 그렇다. 그 까닭은 화병에 걸려서 죽는 것보다는 속시원하게 말하는 것이 낫기 때문이다. / 그렇지 않다. 그 까닭은 임금님과의 약속을 어겼기 때문이다.
G·U·I·D·E 모자를 만든 장인이 왜 그런 행동을 했는지 잘 생각해 보고, 모자를 만든 장인의 행동에 대한 자신의 생각을 타당한 까닭을 들어 씁니다.

2 내가 모자 만드는 장인이라면 일기장에 쓰고 꼭꼭 숨겨 놓았을 것이다.

03 의견과 까닭, 어떻게 구별할까?

1 개미와 베짱이
G·U·I·D·E 현우는 프레드릭을 읽고 일하지 않고 노래를 부르며 놀기만 하는 베짱이가 나오는 '개미와 베짱이' 이야기를 떠올렸습니다.

2 ⑤

3 프레드릭이 식량도 모으고 햇살, 색깔, 이야기도 모았어야 한다.
G·U·I·D·E 현우는 프레드릭이 식량

도 모으고 햇살, 색깔, 이야기도 모았어야 한다고 생각하였습니다.

4 햇살, 색깔, 이야기를 모으는 일
G·U·I·D·E 프레드릭은 다른 쥐들이 겨울에 먹을 식량을 모을 때 추운 겨울을 위하여 햇살과 색깔을 모았습니다.

5 네가 앞으로도 계속 햇살과 색깔과 이야기를 모아야 한다고 생각해. 추운 겨울을 위하여 햇살과 색깔과 이야기를 미리 모아 두어야 다른 쥐들을 기쁘게 해 줄 수 있으니까.
G·U·I·D·E 주리는 프레드릭이 앞으로도 계속 햇살과 색깔과 이야기를 모아야 한다고 생각하였습니다.

04 의견이 어떻게 다른가?

1 가장 아름다운 새

2 ⑤

3 까마귀가 남의 깃털을 자신의 깃털인 척해서

4 나는 산신령이 잘못하였다고 생각한다. 왜냐하면 왕은 겉모습이 중요한 게 아니라 백성을 잘 다스리는 지혜롭고 용맹하고 지도력이 있어야 하는데 겉모습만 보고 왕을 뽑으려고 하였기 때문이다.
G·U·I·D·E '새들의 왕 뽑기'에는 까마귀, 산신령, 또 다른 새들이 등장합니다. 대부분 다른 새들의 깃털을 주워 몸에 꽂아서 왕이 되려고 한 까마귀나 그런 까마귀를 놀리는 다른 새들의 행동을 평가하려 하지만 이 글에서 '가장 아름다운 새'를 왕으로 삼는다고 한 '산신령'의 행동도 평가해 볼 필요가 있습니다. 산신령의 행동을 평가해 보면서 '왕'이 갖추어야 할 것이 무엇인지 생각해 볼 수 있습니다.

week 07
영재 클리닉 02
이야기와 그림 속에 그림자 있다
63쪽

도비라

그림자

G·U·I·D·E 사진은 그림자로 하는 그림자 인형극입니다. 그림자 인형극은 전등, 종이, 인형, 풀, 스크린 등을 준비하고 전등을 비추어 벽면 스크린에 인형의 그림자가 생기도록 합니다. 그리고 전등과 인형 사이의 간격을 달리하면서 그림자의 크기에 변화를 주며 인형극을 합니다.

교과서 탐구

01 이야기와 그림 속에 그림자 있다

1 식물이 양분을 만들 수 있게 해 준다.
G·U·I·D·E 빛은 물체를 볼 수 있게

해 주고, 따뜻하게 해 주며, 식물이 양분을 만들 수 있게 해 줍니다.

2 ㉤

3 어두워진다, 추워진다.
G·U·I·D·E 빛은 늘 있기 때문에 빛의 소중함을 잘 알지 못하고 삽니다. 그러나 빛이 없는 삶은 상상하기도 힘들 만큼 빛은 우리 삶에 중요합니다. 빛이 없다면 식물은 광합성을 할 수 없고, 어둡고 추워서 생활을 하기가 무척 힘이 들 것입니다.

4 • 빛을 많이 가리는 경우 : 모자, 암막 커튼
 • 빛을 부분적으로 가리는 경우 : 갈색 유리병, 색안경, 색이 진한 자동차 유리
G·U·I·D·E 빛은 우리 생활에 없어서는 안 되지만 가려야 할 때도 있습니다. 모자, 암막 커튼은 빛을 많이 가리는 경우이고 갈색 유리병, 색안경, 색이 진한 자동차 유리는 빛을 부분적으로 가리는 경우입니다.

5 햇빛에 의해 내용물이 변질되는 것을 막기 위해서

6 불투명하기 때문에 빛이 사람 뒤로 가지 못하고 그림자가 생기는 것이다.
G·U·I·D·E 앞으로 나아가던 빛이 불투명한 물체를 만나면 그것을 통과하지 못하여 빛이 물체 뒤로 가지 못합니다. 그래서 불투명한 물체 뒤에는 그림자가 생깁니다.

7 빛은 직진한다. / 빛은 곧게 나아간다.
G·U·I·D·E 구름 사이에서 새어 나오는 햇빛, 숲이 우거진 산속에서 나아가는 햇빛, 여러 가지 전등 불빛을 보면 빛은 곧게 직진하여 나아간다는 것을 알 수 있습니다.

8 멀리, 가까이
G·U·I·D·E 물체를 움직일 때 그림자의 모습은 물체를 광원에서 멀리하면 작아지고, 물체를 광원에 가까이 하면 커집니다. 그리고 광원을 움직일 때 그림자의 모습은 광원을 물체에서 멀리 하면 작아지고, 광원을 물체에 가까이 하면 커집니다.

9 커진다

Step by Step
01 가시 도깨비

1 가시 도깨비는 머리에 뿔이 세 개 달리고, 몸에 뾰족뾰족한 가시가 나 있다.
G·U·I·D·E 나무꾼은 허수아비의 머리에 당근 세 개를 꽂고, 가시가 있는 엄나무 가지를 허수아비의 몸에 둘둘 감아 도깨비들이 무서워하는 가시 도깨비를 만들었어요. 그리고 호롱불을 허수아비 가까이에 두어 큰 그림자를 만들었지요. 나무꾼은 그렇게 도깨비들을 혼내 주었답니다. 허수아비는 물체가 빛과 가까이 있을 때, 그림자가 커지는 원리를 이용하여 도깨비들을 혼내 준 거예요.

2 물체가 빛과 가까이 있을 때 그림자가 커지기 때문에 그림자를 크게 만들기 위해 호롱불을 허수아비 가까이에 둔 것이다.

3 물체가 빛과 가까이 있을 때 그림자가 커지는 원리
G·U·I·D·E 나무꾼은 물체가 빛과 가

까이 있을 때, 그림자가 커지는 원리를 이용하여 도깨비들을 혼내 주었습니다.

02 그림 속 그림자

1 빛이 드는 곳과 빛이 들지 않는 곳이 있기 때문에
G·U·I·D·E 렘브란트의 야간 순찰을 살펴보면 어두운 부분과 밝은 부분이 있습니다. 이는 빛이 드는 곳과 빛이 들지 않는 곳이 있기 때문입니다.

2 ④
G·U·I·D·E 그림을 잘 보면 그림자의 진하기가 다르다는 것을 알 수 있고, 그림자의 방향을 통해 빛이 비치는 방향을 알 수 있습니다.

내 눈으로 보는 교과서
인물과 하나 되어
G·U·I·D·E 시에 나오는 인물을 생각하며 시를 읽고, 내 경험을 떠올려 시를 써 봅니다.

1 결국 선생님에게 업혔다.
2 머뭇거리다 업혔다. → 돌아가신 아빠가 생각나서 눈물이 났다.
3 선생님은 다른 아이들 때처럼 나보고도 업히라고 하셨다. 나는 괜히 쑥스러워서 머뭇거리고 있다가 수업이 시작되어 아이들이 많이 없을 때쯤 겨우 용기를 내서 업혔다.
내가 지나가는 길마다 아이들이 박수를 쳐 주었다.
"어이구, 이 녀석, 많이 자랐구나."
'아버지도 살아 계셨으면 내가 많이 자랐다고 하시겠지……'
선생님 말씀에 돌아가신 아버지가 생각나서 눈물이 났다.
내 열 살 생일날 선생님께서는 이렇게 최고로 멋진 선물을 주셨다.
4 체육시간에 달리기를 하다가 넘어진 적이 있다. 너무 아팠는데 선생님께서 나를 안고 양호실로 뛰어가서 무릎에 약을 발라 주시고 반창고도 붙여 주셨다.
'선생님이 나를 무척 아끼시는 구나' 하는 생각을 했다.

논술 에너지를 쌓아라
01 잘못한 거야?
G·U·I·D·E 인물이 잘못한 점을 알고, 하고 싶은 말을 정확히 할 수 있습니다.

1 자기를 생각해서 아이스크림을 사다 준 친구의 마음을 생각하지 않고 자기가 좋아하는 다른 친구에게 준 점
2 진희야, 내가 널 생각해서 사 온 아이스크림을 내가 보는 앞에서 민수에게 주

면 어떻게 하니? 정말 섭섭하다. 네가 조금이라도 상대방을 생각할 줄 아는 배려심을 가진 아이라면 그런 행동은 절대로 하지 않았겠지? 앞으로 다른 친구한테는 절대 이런 상처를 주지 않았으면 좋겠다.

3 네, 있어요. 지난번에 아빠가 출장 갔다 오시면서 사다 주신 예쁜 색연필, 내가 좋아하는 윤희에게 줬는데 은정이가 달라고 하니까 그냥 주더라고요. 윤희는 내가 섭섭해 할 것이라는 생각은 전혀 못하는 것 같았어요.

02 이야기를 만들어 보아요

G·U·I·D·E 앞 사람의 이야기를 듣고, 뒷이야기를 이어서 해 봅니다.

1 진우는 나를 쳐다볼 생각도 하지 않는 거예요. 평소에는 문을 열자마자 나에게 달려와서 귀찮을 정도로 매달리는 녀석인데 말이에요. 가만히 보니… / 진우의 손에는 아주 작은 상자가 하나 들려 있었어요. 그 속에서는 '삐악삐악' 하는 소리가 났어요. 진우가 내려놓은 상자를 들여다보고 나는 깜짝 놀랐어요. 아, 글쎄… / 그것은 병아리였어요! 내가 제일 싫어하는 병아리를 그것도 세 마리나 데려오다니! 그날부터 나의 악몽의 나날은 시작이 되었지요. 그 놈의 병아리가… / 시도 때도 없이 삐악거리는 데, 어찌나 시끄러운지 정말 기절할 정도였다고요. 그런데 가만히 보니고 녀석이… / 조금 귀여운 구석도 있더라고요. 물 한 모금 먹고 하늘 한번 쳐다보고 또 물 한 모금에 하늘 한 번… 그런 모습이 너무 귀여웠어요. 그래서 지금은 친구가 되었답니다. 무럭무럭 자라서 멋진 닭이 되었으면 좋겠어요.

03 나도 주인공!

G·U·I·D·E 내가 주인공이 되어 새로운 이야기를 만들어 봅니다.

1 흥부와 놀부

2 놀부

3 내 이름은 놀부. 나는 부모님이 물려주신 재산으로 남부럽지 않게 살고 있다. 나에게는 흥부라는 동생이 한 명 있다. 그런데 이 흥부라는 놈이 어찌나 게으르고 무능력한지 정말 하는 행동마다 모두 마음에 안 들었다. 그래서 좀 강해지라고 집에서 내쫓았다.
흥부는 집을 나간 후 이것저것 안 해 본 것 없이 참 고생을 참 많이 했다. 그렇지만 고생한 보람이 있어서 자기 식구들을 먹여 살릴 자신감을 보일 정도로 의지도 강해지고 씩씩해져서 돌아왔다. 다시 만난 우리 형제는 오순도순 행복하게 잘 살아갈 것이다.

04 인물을 찾아라!

G·U·I·D·E 우리나라와 외국의 전래 동화 주인공들을 모아 놓은 그림을 보고, 옛날이야기의 주인공의 이름을 생각해 봅니다.

1 콩쥐, 신데렐라, 피노키오, 피터팬, 혹부리 영감, 하이디, 네로와 파트라슈, 흥부와 놀부, 선녀와 나무꾼

2 • 하이디 : 천진난만하고 꾸밈이 없어 보여서
 • 놀부 : 부모님이 물려주신 재산을 친

동생하고도 나누어 가지지 않으려고 해서
- **선녀** : 한번 나무꾼과 살기로 했으면 책임을 져야지 날개옷을 봤다고 도망을 가버려서
- **콩쥐** : 구박을 받으면서도 어떻게 해 볼 생각도 하지 않고 그 힘든 상황에서 벗어나려는 노력도 하지 않아서
- **네로** : 어려운 환경에서도 남의 도움을 받으려고 하지 않고 꿋꿋이 잘 견디어서
- **신데렐라** : 아무리 유리 구두를 신었더라도 못생겼으면 무도회에서 왕자님 눈에 띄지 않았을 것 같아서
- **파트라슈** : 네로가 힘들 때 항상 곁에서 힘을 주는 유일한 존재였으니까

신나는 논술
내 생각은 이래!

1   나는 사람들에게 동생을 내쫓고 부모님의 재산을 혼자 가로챘다는 평가를 받고 있는 놀부다. 그렇지만 사실 그것은 다 오해다. 내가 부모님의 재산을 물려받은 것은 사실이고, 동생을 내쫓은 것도 사실이다. 하지만 그것은 모두 다 흥부가 잘 되기를 바라는 마음에서 그런 것이지 내 욕심 때문은 아니다.

  흥부는 어려서부터 욕심이라고는 없는 아주 의지가 약한 녀석이었다. 우리가 부모님의 재산을 많이 물려받았지만 흥부처럼 살면 다른 사람 다 퍼 주고, 결국 나중에 남는 건 하나도 없을 것이다. 흥부에게 가족들의 생계도 남을 보살피는 것만큼이나 중요하다는 생각을

심어 주고 싶었다. 나중에 무슨 일이 생기더라도 가족은 책임질 수 있는 책임감도 키워주고 싶었다.

  결과적으로 일이 잘못 꼬여서 이상하게 되긴 했지만, 나의 이 순수한 마음만은 모든 사람들이 알아주었으면 좋겠다.

week 09
신통방통 서술형 논술형
81쪽

국어 술술
04 차근차근 하나씩

1 (1) ㉠ : 수량이나 정도가 일정한 기준보다 더 많거나 나음.
  (2) ㉡ : 평소와는 다른 상태.
  G·U·I·D·E '이상'은 소리는 같지만 뜻이 전혀 다른 낱말인 동음이의어입니다. 문장을 잘 읽고, 문장 안에서 '이상'이 어떤 뜻으로 사용되고 있는지 찾아냅니다.

2 정교한 조각은 손이 많이 간다.
  G·U·I·D·E '손'은 하나의 낱말이 여러 가지 뜻으로 사용되는 다의어입니다. ㉢은 '어떤 일을 하는 데 드는 사람

의 힘이나 노력, 기술'이라는 뜻으로 사용되었으므로 그런 의미가 전달되도록 문장을 만들었으면 정답입니다.

3 생태 체험 프로그램
G·U·I·D·E 글 **1**에서 안내하는 내용을 잘 살펴보면 '생태 체험 프로그램'에 대해 안내하고 있다는 것을 알 수 있습니다.

4 젖은 손으로 절대 사용하지 마세요. 왜냐하면 젖은 손으로 사용하면 감전 위험이 있기 때문이에요.
G·U·I·D·E 전기로 작동되는 전기 드라이어를 사용할 때 어떤 점을 주의해야 할지 잘 생각하여, 글에 포함되지 않은 주의 사항과 그 사항을 주의해야 하는 까닭을 쓰면 정답입니다.

5 청소기를 사용하는 방법
G·U·I·D·E '청소기를 사용하는 방법'을 글과 그림으로 설명하고 있습니다. 그러므로 '청소기를 사용하는 방법'이라고 썼으면 정답입니다.

6 틈에 있는 먼지를 빨아들일 때
G·U·I·D·E 넓은 흡입구를 좁은 흡입구로 바꾸는 까닭을 생각해 봅니다.

7 청소기를 보관하는 방법
G·U·I·D·E 글과 그림에서 설명하는 내용을 잘 보고 '청소기를 보관하는 방법'이라고 썼으면 정답입니다.

05 주고받는 마음

1 밤늦게나 이른 아침에는 전화를 하지 않아야 하는데 승민이는 밤늦게 전화를 했다. 전화를 걸기 전에는 전화를 확인해야 하는데 전화번호도 확인하지 않고 번호를 눌렀다. 전화를 잘못 걸었을 때는 "죄송합니다."라고 사과해야 하는데, 그냥 뚝 끊어 버렸다.
G·U·I·D·E 글 속에서 승민이가 지키지 않은 전화 예절 세 가지를 찾아 썼으면 정답입니다.

2 "죄송합니다. 전화를 잘못 걸었습니다."라고 말하고 전화를 끊는다.
G·U·I·D·E 승민이는 전화를 잘못 걸었을 때 사과를 하지 않고 그냥 끊었습니다. 그 행동이 잘못되었음을 알고, "죄송합니다."라고 사과의 말을 하고 끊는다고 썼으면 정답입니다.

3 권유하는 문장, 묻는 문장
G·U·I·D·E 권유하는 문장이나 묻는 문장으로 말하면 상대방의 마음이 상하지 않게 말할 수 있습니다.

4 ㉠ : 생일잔치 시간을 바꾸어 보자. / 생일잔치 시간을 바꾸어 보는 게 어떻겠니?
㉡ : 네가 수영장 가는 시간을 바꾸어 보자. / 네가 수영장 가는 시간을 바꾸는 게 어떻겠니?
G·U·I·D·E 다른 문장의 종류로 바꿔 쓸 때에 원래 문장에 담긴 생각은 바뀌지 않아야 합니다. 권유하는 문장으로 바꿔 쓸 때에는 끝말이 '-(하)자.'가 되도록 하고, 묻는 문장으로 바꿔 쓸 때에는 끝말이 '-냐?, -까?, -니?'가 되도록 쓰고 문자 끝에 물음표를 꼭 씁니다.

5 ㉠ : 동생을 사랑하고 동생한테 양보하자.
㉡ : 무슨 일이든 누나에게 먼저 양보하자.

G·U·I·D·E 문장에 담긴 생각은 바뀌지 않도록 유의하면서 끝말이 '-(하)자'로 끝나도록 권유하는 문장을 만듭니다.

6 누나를 깔보고 대들면 안 되겠지?
G·U·I·D·E 문장에 담긴 생각은 바뀌지 않도록 하면서 끝말이 '-냐?, -까?, -니?, -지?'가 되도록 쓰고 물음표를 꼭 씁니다.

06 서로의 생각을 나누어요

1 (1) **하인** : 주인의 말을 듣지 않고 아기 사슴을 놓아주었다.
　(2) **주인** : 아기 사슴을 놓아준 하인을 집에서 내쫓았다.
G·U·I·D·E 하인과 주인이 이야기 속에서 한 행동, 주인의 말을 듣지 않고 아기 사슴을 놓아준 행동과 주인이 아기 사슴을 놓아주었다는 이유로 하인을 집에서 내쫓은 행동에 대해 썼으면 정답입니다.

2 하인의 행동이 잘못되었다. 왜냐하면 하인이 주인에게 허락을 받지 않고 마음대로 사슴을 놓아주었기 때문이다. / 주인의 행동이 잘못되었다. 왜냐하면 사슴을 가엾게 생각하는 하인의 마음을 헤아리지 않고 집에서 내쫓았기 때문이다.
G·U·I·D·E 하인 또는 주인의 행동이 잘못되었다는 까닭을 알맞게 썼으면 정답입니다.

3 자린고비 영감의 절약하는 습관을 배워야 한다고 생각한다. / 자린고비 영감처럼 지나치게 아끼는 태도는 좋지 않다고 생각한다.

4 자린고비 영감의 절약하는 습관과 태도를 본받아야 한다. 요즈음 우리는 필요한 것 이상으로 많은 물건을 사고, 물건의 수명이 다하지도 않았는데 쓰레기로 내놓는다. 집이나 식당에도 지나치게 많은 음식을 상에 내놓아 버려지는 음식 쓰레기가 어마어마하다고 한다. 자린고비처럼 굴비를 쳐다보기만 하거나 짚신을 허리에 차고 다니는 행동까지 할 필요는 없지만, 딱 필요한 만큼만 만들어 먹고, 딱 필요한 물건을 사서 수명이 다할 때까지 쓰는 태도는 본받아야 한다고 생각한다.

5 (1) **의견** : 나는 까마귀가 잘못하였다고 생각한다. / 나는 까마귀가 잘못하지 않았다고 생각한다.
　(2) **그렇게 생각한 까닭** : 왜냐하면 자기 깃털이 아닌 다른 새들의 깃털을 자기 것처럼 꾸몄기 때문이다. / 왜냐하면 자기가 할 수 있는 방법으로 최선을 다해 꾸몄기 때문이다.

사회 술술
03 다양한 삶의 모습

1 • 사는 곳에 따라 음식을 먹는 방법이 서로 다르다.
　• 종교에 따라 먹는 음식이 다르다.
G·U·I·D·E (가)를 통해 사는 곳에 따라 음식을 먹는 방법이 서로 다르다는 것을 알고, (나)를 통해 종교에 따라 먹는 음식이 다르다는 것을 알 수 있습니다.

2 나는 용은 실제로 존재하지 않는 상상

의 동물이라고 생각하지만 실제로 존재한다면 신비한 능력을 가진 선한 동물일 것 같다.

G·U·I·D·E 문화가 다르면 서로의 생각과 행동도 다를 수 있습니다. 그래서 영국 어린이와 중국 어린이가 용에 대해 갖는 생각도 다른 것입니다.

3 사람들의 생각과 행동, 느낌, 취향, 정서 등에 많은 영향을 준다.

4 준비가 힘들기 때문에 집에서 하지 않고 큰 음식점에서 하는 것이다. / 많은 사람들에게 축하를 받고 싶기 때문에 큰 음식점에서 하는 것이다. / 직업이 다양화되고 다양한 재능이 인정받는 시대이기 때문에 돌잡이 물건이 변하는 것이다.

G·U·I·D·E 장소가 집에서 큰 음식점으로 바뀐 까닭은 준비가 힘들고, 많은 사람들에게 축하를 받고 싶기 때문이고, 돌잡이 물건이 바뀌는 것은 직업이 다양해졌기 때문이며, 준비하는 음식이나 물건이 달라진 까닭은 좋아하는 음식이 달라지고 축하 방식이 달라졌기 때문입니다 옛날에는 의학이 발달하지 못해 아기들이 일 년을 넘기지 못하고 죽는 경우가 많았습니다. 그래서 일 년 동안 건강하게 잘 자란 것을 축하하는 의미로 돌잔치를 열었습니다. 아기가 건강하기를 바라고, 아기가 바르게 자라 원하는 일을 할 수 있기를 바라는 마음은 예나 지금이나 같지만 돌잔치 모습은 시대의 요구에 맞게 바뀌었습니다.

5 두 지역의 자연환경이 달라 사람들의 생활 모습이 서로 다르고, 생산 활동이 다르기 때문이다.

G·U·I·D·E 마을 제사를 치르는 모습이 서로 다른 까닭은 두 지역의 자연환경이 달라 사람들의 생활 모습이 서로 다르고, 생산 활동이 다르기 때문입니다.

6 • 풍년을 기원한다.
 • 명절의 시기는 월별, 계절별로 다르며, 그에 따라 먹는 음식이나 놀이, 행사도 다양하다.

G·U·I·D·E 우리나라 대표적인 명절들은 풍년을 기원하고 개인과 가족, 자신이 속한 공동체의 건강을 바라는 마음이 담겨져 있습니다. 그리고 월별, 계절별로 명절이 다양하며, 그에 따라 먹는 음식이나 놀이, 행사도 다양합니다.

7 • **비슷한 점** : 조상과 수확에 대한 감사의 마음을 가진다. / 가족의 화목과 건강을 기원한다. / 각국의 전통을 살린 음식과 놀이 문화가 있다.
 • **다른 점** : 명절과 기념일의 시기와 계절이 다르다. / 음식과 놀이의 종류가 다르다.

G·U·I·D·E 세계 여러 나라들은 자연적, 계절적, 역사적 특징을 담은 명절을 가지고 있습니다. 나라마다 명절의 시기와 계절, 음식과 놀이의 종류는 다르지만 조상과 수확에 대한 감사, 가족의 화목과 건강을 기원하는 마음은 비슷합니다.

8 서로 다른 문화를 배우고 존중하는 마음가짐을 가진다.

G·U·I·D·E 우리와 다른 문화를 대할 때에는 다른 다양한 문화들을 배우고 존중하려는 마음가짐을 가져야 합니다. 그럴 때에 문화적 편견을 없앨 수 있으며 우리의 문화를 더욱 발전시킬 수 있

습니다.

9 그 나라 사람들이 사는 지역의 날씨와 자연환경에 맞는 신발을 신기 때문이다.
G·U·I·D·E 각 나라마다 자연환경이 다르고 살아온 생활 방식이 다르기 때문에 각 나라마다 신는 신발이 다른 것입니다.

과학이 술술
03 혼합물의 분리

1 두 가지 이상의 물질이 섞여 있기 때문에
G·U·I·D·E 혼합물은 두 가지 이상의 물질이 섞여 있는 것을 말하는데 오곡밥, 멸치 볶음, 미숫가루 물은 모두 두 가지 이상의 물질이 섞여 있으므로 혼합물입니다.

2 과일 샐러드를 만들기 전과 후의 과일의 색깔, 맛, 모양 등은 변하지 않는다.
G·U·I·D·E 여러 가지 과일을 섞어도 과일 각각의 성질은 변하지 않습니다. 따라서 과일 샐러드를 만들기 전과 후의 과일의 색깔과 맛은 변하지 않습니다.

3 체를 사용하면 한 번에 여러 개의 알갱이를 빨리 분리할 수 있어서 편리하다.
G·U·I·D·E 크기가 다른 고체 알갱이가 섞인 혼합물을 분리할 때 체를 사용하면 한 번에 여러 개의 알갱이를 빨리 분리할 수 있어 편리합니다. 체는 알갱이의 크기 차이를 이용하여 혼합물을 분리할 때 이용합니다.

4 바닷물이 햇빛에 의해 증발되면서 소금이 생긴다.

5 자석을 이용하여 분리한다.
G·U·I·D·E 자석에 철이 붙는 성질을 이용하여 철가루를 분리해 냅니다.

04 빛과 그림자

1 뜨거워지면 빛을 내는 물체이다.
G·U·I·D·E 태양, 용암, 백열등은 모두 광원이며, 뜨거워지면 빛을 내는 공통점이 있습니다.

2 투명 셀로판지를 통해서 편지를 받는 사람의 주소를 볼 수 있다.
G·U·I·D·E 이 편지지는 불투명한 물체와 투명한 물체를 적절하게 사용한 물체로서 불투명한 종이는 편지의 내용을 가려 주고 투명한 셀로판지는 편지를 받는 사람의 주소를 선명하게 볼 수 있게 합니다.

3 • (가) : 그림자가 거의 생기지 않는다. 왜냐하면 빛의 대부분이 통과하기 때문이다.
• (나) : 진한 그림자가 생긴다. 왜냐하면 대부분의 빛이 통과하지 못하기 때문이다.
G·U·I·D·E 그림자는 빛이 도달하지 못하는 물체 뒤에 생기는데 투명한 물체는 빛의 대부분이 통과하여 그림자가 거의 생기지 않지만, 불투명한 물체는 대부분의 빛이 통과하지 못하므로 진한 그림자가 생깁니다.

4 • 물체를 전등 가까이 가져 간다.
• 전등을 물체 가까이 가져 간다.
G·U·I·D·E 광원과 물체 사이가 멀어지면 그림자가 작아지며 그림자가 선명해지고 광원과 물체 사이가 가까워지면 그림자가 커지며 그림자가 흐릿해집니다.

② 그림자 살펴보기

3 다음 (가)와 (나) 물체는 각각 어떤 그림자가 생기는지 쓰고, 그런 그림자가 생기는 까닭을 쓰시오.

▲ 투명한 컵   ▲ 불투명한 컵

(가)	
(나)	

4 다음과 같이 벽을 향해 전등을 켜 놓고 전등과 벽 사이에 물체를 놓았을 때, 물체의 그림자를 크고 흐릿하게 만드는 방법 두 가지를 쓰시오.

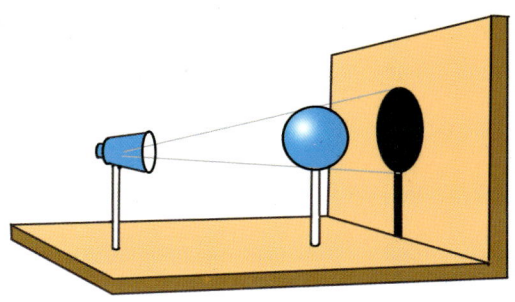

• _____

• _____

MEMO